LES MEILLEURES RECETTES
DES FÊTES

100 recettes inratables

Recettes et photographies de Franck Schmitt

100% CUISINE

MANGO

SOMMAIRE

Apéritifs

Entrées

SOMMAIRE

Plats

Desserts

SOMMAIRE THÉMATIQUE

Les classiques

Les classiques revisités

SOMMAIRE THÉMATIQUE

Spécial buffet

30 minutes max en cuisine

APÉRITIFS

CUILLÈRES DE TARTARE
de saumon aux oignons nouveaux

Pour 6 personnes • Préparation : 20 min • Marinade : 1 heure

300 g de saumon frais (bio de préférence) • 1 citron vert • 1 c. à soupe de baies roses • 1 c. à soupe d'huile d'olive • 1 c. à soupe de vinaigre balsamique blanc • Quelques tiges de ciboulette • Quelques tiges de coriandre • Quelques tiges de persil • Sel, poivre

1. Lavez et hachez les herbes très finement. Pressez le citron et prélevez quelques zestes.

2. Coupez le saumon frais en petits dés et placez-les dans un saladier avec le jus de citron, le vinaigre balsamique, les herbes, les baies roses et l'huile d'olive. Mélangez et laissez au frais pendant 1 heure pour que la marinade opère.

3. Dressez ensuite le tartare dans des petites cuillères apéritives ou dans des verrines. Salez et poivrez avant de servir.

Astuce

Vous pouvez mélanger saumon cru et saumon fumé.

CANNELÉS SALÉS
à la tomate confite

Pour environ 20 petits cannelés • Préparation : 10 min • Cuisson : 15 à 20 min

225 g de farine • 100 g de comté râpé • 50 g de tomates confites égouttées • 3 œufs • 12 cl de lait • 1 c. à soupe d'huile d'olive • 1 c. à café de cumin en poudre • Sel, poivre

1. Préchauffez le four à 180 °C (th. 6).

2. Taillez les tomates confites en petits dés.

3. Disposez la farine dans un saladier, ajoutez les œufs battus, le lait, l'huile d'olive, le cumin et le fromage râpé. Assaisonnez. Ajoutez les dés de tomate et mélangez.

4. Répartissez la préparation dans des petits moules à cannelé en silicone et enfournez pour 15 à 20 minutes.

Astuce

À partir de cette recette de base, confectionnez des cannelés au saumon fumé, aux lardons ou aux crevettes.

CIGARES DE SAUMON FUMÉ

sauce fraîche

Pour 24 cigares
Préparation : 15 min
Cuisson : 10 min

6 feuilles de brick
4 petites tranches de saumon fumé
20 cl de crème liquide entière
2 petits-suisses
1 petit bouquet de ciboulette
Huile d'olive pour badigeonner
Sel, poivre

Astuce

Vous pouvez réaliser des cigares avec du jambon blanc ou du blanc de poulet.

1. Mélangez la moitié de la botte de ciboulette hachée avec la moitié de la crème liquide, ajoutez du poivre.

2. Coupez les feuilles de brick en 4. Sur chaque quart de feuille de brick, disposez un morceau de saumon, ajoutez une cuillerée à café du mélange crème et ciboulette au centre, et roulez le cigare. Disposez les cigares sur une plaque recouverte de papier sulfurisé. Badigeonnez-les avec un pinceau trempé dans de l'huile d'olive, puis enfournez à four chaud pendant 10 minutes.

3. Pendant le temps de cuisson, battez les petits-suisses avec le reste de la crème liquide et le reste de la ciboulette et assaisonnez.

4. Servez les cigares chauds avec la sauce.

MADELEINES DE SAINT-JACQUES

au safran

Pour 20 mini-madeleines
Préparation : 10 min
Repos : 1 heure
Cuisson : 10 min

100 g de farine
4 noix de Saint-Jacques préalablement poêlées
2 œufs
20 g de beurre doux
4 cuillerées à soupe de lait
2 cuillerées à soupe d'huile d'olive
3 pistils de safran
1 sachet de levure chimique
1 petite gousse d'ail
Quelques tiges de ciboulette
Sel, poivre

1. Faites fondre le beurre dans une casserole. Versez 100 g de farine dans un saladier, ajoutez les œufs entiers, mélangez puis ajoutez le beurre fondu, l'huile d'olive, une pincée de sel, du poivre, le lait et la levure chimique.

2. Ajoutez les noix de Saint-Jacques précuites et coupées en petits morceaux, l'ail et la ciboulette hachée. Mélangez à l'aide d'un fouet puis laissez reposer la pâte au réfrigérateur pendant 1 heure.

3. Répartissez la préparation dans des moules à madeleines en silicone et enfournez à four très chaud à 220 °C pendant 4 minutes, puis baissez la température à 180 °C et prolongez la cuisson pendant 6 minutes en surveillant. Les madeleines doivent dorer sans dessécher.

BROCHETTES DE CREVETTES
au gingembre et au citron

Pour 12 brochettes • Préparation : 10 min • Marinade : 30 min • Cuisson : 10 min

24 queues de crevettes crues • Quelques tranches de courgette • 1 gousse d'ail • 1 citron vert • 1 c. à soupe de graines de sésame • 1 c. à café de racine de gingembre hachée • 6 c. à soupe d'huile d'olive • Sel, poivre

1. Coupez les courgettes en tranches.

2. Préparez la marinade en mélangeant l'huile d'olive avec l'ail haché, le jus du citron vert, le gingembre haché, du sel et du poivre.

3. Laissez les crevettes dans la marinade pendant 30 minutes puis réalisez les brochettes en intercalant les crevettes et les tranches de courgette. Saupoudrez de sésame et faites cuire à la poêle ou au four pendant 10 minutes.

4. Servez chaud ou tiède.

Astuce

Ajoutez une tige de citronnelle hachée pour une saveur encore plus orientale.

ACRAS
de saumon fumé

Pour une trentaine d'acras • Préparation : 20 min • Cuisson : 4 à 5 min

300 g de saumon fumé • 250 g de farine • 20 cl de lait • 1 œuf • 1 bouquet de ciboulette • 1 c. à café de piment d'Espelette • 1 litre d'huile de friture • Sel, poivre

1. Lavez la ciboulette, essuyez-la et hachez-la grossièrement. Hachez le saumon fumé.

2. Mélangez la farine, le lait et l'œuf jusqu'à l'obtention d'une pâte lisse, puis ajoutez le saumon. Salez très modérément, poivrez et ajoutez le piment d'Espelette. Rectifiez l'assaisonnement selon votre goût. Les acras doivent être relevés.

3. Dans une grande casserole, faites chauffer 1 litre d'huile de friture. À l'aide de deux petites cuillères à café, formez des petites boules de pâte. Laissez cuire les beignets 4 à 5 minutes en les retournant. Égouttez-les sur du papier absorbant et servez aussitôt.

Astuce

Les acras, traditionnellement réalisés à base de morue, peuvent également se préparer pour les fêtes avec des crevettes grises ou roses grossièrement hachées.

CUPCAKES chèvre et courgette

Pour 12 cupcakes
Préparation : 15 min
Cuisson : 10 à 12 min

200 g de fromage de chèvre
200 g de farine
100 g de pignons de pin
3 œufs
1 petite courgette
50 g de beurre
10 cl de crème fraîche liquide entière
½ sachet de levure chimique
Sel, poivre

Astuce

Déposez une noisette de chantilly salée sur les cupcakes avant de servir.

1. Lavez la courgette et râpez-la.

2. Battez les œufs avec le beurre fondu dans un saladier, ajoutez une grosse pincée de sel et poivrez. Ajoutez la farine et la levure et mélangez bien. Incorporez la crème fraîche sans cesser de battre.

3. Préchauffez le four à 180 °C (th. 6).

4. Coupez le fromage de chèvre en petits morceaux et faites griller les pignons de pin à sec dans une poêle antiadhésive. Incorporez les pignons, le chèvre et la courgette râpée à la préparation.

5. Beurrez et farinez des moules à cake individuels, puis versez la pâte. Enfournez pour 10 à 12 minutes. Laissez tiédir avant de démouler.

6. Servez froid ou tiède.

ESPUMA DE CITROUILLE *à la truffe*

Pour 6 personnes
Préparation : 20 min
Cuisson : 40 min
Réfrigération : 2 heures

300 g de citrouille ou potimarron
30 cl de crème liquide entière
1 gousse d'ail
1 petite truffe
Huile d'olive
Sel, poivre

Astuce

Vous pouvez accompagner cet espuma de noisettes torréfiées et émiettées.

1. Épluchez la citrouille et faites-la revenir en cubes dans une casserole avec un filet d'huile d'olive. Couvrez avec de l'eau, salez et poivrez. Laissez cuire environ 40 minutes puis enlevez la moitié de l'eau et mixez au robot plongeur afin d'obtenir une purée. Passez au chinois.

2. Laissez refroidir et ajoutez la crème liquide. Placez le tout dans un siphon et videz deux cartouches de gaz dans le siphon. Remuez et placez au frais pendant 2 heures.

3. Coupez la truffe en fine julienne.

4. Servez l'espuma très frais dans des petits verres dépareillés ou dans des verrines et décorez avec les lamelles de truffe.

TOASTS DE POMMES DE TERRE, *esprit de caviar*

Pour environ 30 toasts
Préparation : 25 min
Cuisson : 10 min

6 pommes de terre Roseval
2 œufs
20 g de caviar
ou 50 g d'œufs de lompe
15 cl de crème fraîche
épaisse entière
½ oignon
Sel, poivre

Astuce

Vous pouvez réaliser cette recette de façon plus classique sur des tranches de pain de mie toastées, ou déguster un hachis d'oignon accompagné d'œufs de lompe dans un œuf à la coque.

1. Épluchez l'oignon et hachez-le finement.

2. Faites cuire les œufs 9 minutes dans de l'eau bouillante, écalez-les et hachez-les. Mélangez-les avec l'oignon.

3. Brossez les pommes de terre et coupez-les en tranches fines. Plongez-les dans l'eau froide salée et faites-les cuire 10 minutes. Égouttez-les et laissez-les refroidir.

4. Déposez 1 petite cuillerée à café de crème fraîche sur chaque tranche de pomme de terre et ajoutez 1 cuillerée à café du mélange œufs durs et oignon. Couronnez d'une pointe d'œufs de lompe ou de caviar. Réservez au frais jusqu'au moment de servir.

BOUCHÉES DE CREVETTES au miel

Pour 16 bouchées
Préparation : 20 min
Cuisson : 6 min

32 crevettes roses
2 ficelles de campagne
1 gousse d'ail
4 branches de persil plat
2 cuillerées à soupe de miel liquide
Huile d'olive
Fleur de sel, poivre du moulin

Astuce

Vous pouvez également toaster le pain au gril ou dans un grille-pain. Dans ce cas, aillez-le après cuisson.

1. Achetez le pain la veille afin qu'il soit un peu rassis. Découpez les ficelles en tranches fines.

2. Épluchez la gousse d'ail, coupez-la en deux, ôtez le germe et aillez un côté des tranches de pain.

3. Lavez le persil et essuyez-le. Épluchez les crevettes en ôtant têtes et queues.

4. Dans une poêle antiadhésive, versez trois cuillerées à soupe d'huile d'olive, faites dorer à feu moyen les tranches de pain des deux côtés. Égouttez-les sur du papier absorbant et laissez-les refroidir.

5. Recommencez l'opération avec les crevettes : fendez-les en deux au niveau du dos sans les ouvrir. Faites revenir à feu vif en ajoutant deux cuillerées à soupe de miel liquide. Laissez-les caraméliser 2 minutes en les remuant. Disposez deux crevettes sur chaque toast, salez à la fleur de sel et poivrez. Décorez avec une feuille de persil.

MACARONS AU FOIE GRAS
et à la fleur de sel

Pour 12 macarons
Préparation : 30 min
Cuisson : 10 à 12 min
Réfrigération : 1 heure

100 g de foie gras
de canard mi-cuit
2 œufs
110 g de sucre glace
60 g d'amandes en poudre
20 g de sucre semoule
15 g de farine
20 cl de crème fraîche
Mélange quatre-épices
Vin blanc liquoreux type
Sauternes ou vin jaune
Sel et fleur de sel de Guérande
Poivre du moulin

Astuce

Vous pouvez servir ces macarons sur des ardoises et les accompagner de figues fraîches.

1. Préparez la coque des macarons : tamisez les amandes en poudre, le sucre glace et une cuillerée à café de sel fin. Mélangez. Montez 60 g de blancs en neige avec une pincée de sel. Ajoutez le sucre semoule en soulevant la préparation avec une cuillère en bois, puis ajoutez le mélange poudre d'amandes et sucre glace jusqu'à obtention d'une pâte lisse. Avec une poche à douille, dressez les 24 coques sur une plaque recouverte de papier sulfurisé. Laissez la plaque dans une pièce chaude pour que les coques forment une croûte. Faites cuire à 150 °C (th. 5-6) pendant 10 à 12 minutes. Les macarons doivent être fermes mais moelleux. Sortez-les du four, décollez-les avec une spatule et laissez-les refroidir et durcir dans une pièce aérée.

2. Préparez la garniture : portez à ébullition 15 cl de vin blanc et ajoutez le foie gras coupé en dés. Mixez. Dans un saladier, fouettez la farine avec un jaune d'œuf, ajoutez une pincée de mélange quatre-épices, trois tours de moulin à poivre et une pincée de sel. Ajoutez le mélange de vin bouillant et de foie gras. Mélangez le tout et remettez à cuire à feu moyen afin que la préparation épaississe. Ajoutez la crème fraîche hors du feu. Fouettez et laissez reposer 1 heure au réfrigérateur.

3. À l'aide d'une poche à douilles, garnissez 12 coques de macaron avec la garniture. Posez par-dessus les 12 autres coques de macarons et décorez avec de la fleur de sel.

CHANTILLY DE BETTERAVE
et feuilletés au pavot

Pour 16 verrines
Préparation : 20 min
Réfrigération : 1 heure
Cuisson : 8 à 10 min

1 betterave cuite
60 cl de crème fraîche liquide
1 pâte feuilletée
1 jaune d'œuf
Graines de pavot
Fleur de sel, poivre

Astuce

Si vous n'avez pas de siphon, montez la chantilly à l'aide d'un fouet mécanique. Placez alors avant réalisation tous les instruments et ingrédients au réfrigérateur afin que tout soit à la même température.

1. Réalisez la chantilly : Épluchez la betterave, coupez-la en morceau et mixez-la. Ajoutez la crème fraîche, une cuillerée à café de sel et une cuillerée à café de poivre. Mélangez avec une cuillère en bois et passez au chinois. Remplissez le siphon avec la crème de betterave, placez deux cartouches de gaz, secouez deux ou trois fois et placez le tout au réfrigérateur pendant 1 heure.

2. Préparez les feuilletés : Découpez dans la pâte 16 bâtonnets de 10 cm de long et d'environ 7 mm de largeur. Mélangez un jaune d'œuf avec une cuillerée à café d'eau. Badigeonnez au pinceau les feuilletés puis saupoudrez de graines de pavot et de fleur de sel. Tapissez une plaque allant au four avec une feuille de papier sulfurisé et déposez les bâtonnets. Enfournez à four chaud à 200 °C (th. 6-7) pendant 8 minutes en surveillant la cuisson. Sortez-les du four et laissez-les refroidir.

3. Remplissez les verrines avec la mousse de betterave et piquez un feuilleté dans chaque verrine.

CUILLÈRES GOURMANDES au crabe

Pour 16 cuillères • Préparation : 10 min • Réfrigération : 30 min

2 boîtes de chair de crabe d'environ 170 g chacune • 20 cl de crème fraîche • 1 citron jaune • 1 fenouil avec de belles tiges • 1 c. à café de paprika • 1 c. à café de piment d'Espelette • Sel, poivre

1. Lavez le fenouil et essuyez-le. Réservez le feuillage. Coupez les tiges en deux et détaillez-les en petits dés.

2. Mixez très rapidement la chair de crabe égouttée avec la crème fraîche, le jus du citron, une cuillerée à café de piment d'Espelette, une cuillerée à café de paprika, une cuillerée à café de poivre et une pincée de sel.

3. Ajoutez au mélange obtenu les dés de fenouil et réservez au réfrigérateur pendant 30 minutes.

4. Dressez dans des cuillères de présentation et décorez avec le feuillage du fenouil.

Astuce

Vous pouvez ajouter une cuillerée à soupe de vin blanc sec dans votre préparation.

MOUSSE DE CAVIAR
d'aubergine et œufs de lompe

Pour 12 à 16 verrines (en fonction de leur taille) • Préparation : 10 min • Cuisson : 30 min

2 aubergines • 4 c. à café d'huile d'olive • 2 blancs d'œufs • 1 c. à café de piment d'Espelette • Œufs de lompe • 50 g de roquette • Sel, poivre

1. Lavez les aubergines, équeutez-les. Placez-les entières dans le four à 150 °C (th. 5-6) pendant 30 minutes. Ouvrez-les puis extrayez-en la chair confite. Mixez-la avec 4 cuillerées à café d'huile d'olive, le piment d'Espelette, salez et poivrez. Laissez refroidir.

2. Lavez la roquette et essorez-la.

3. Montez deux blancs d'œufs en neige avec une pincée de sel puis incorporez-les délicatement à la préparation à l'aubergine.

4. Répartissez le caviar dans les verrines, ajoutez une cuillerée à café d'œufs de lompe et décorez avec quelques feuilles de roquette.

Astuce

Vous pouvez ajouter de la coriandre fraîche, à mixer avec la chair des aubergines.

GRESSINS GRAINÉS
et sauce épicée

Pour 16 gressins
Préparation : 15 min
Cuisson : 8 à 10 min

250 g de fromage blanc
2 pâtes feuilletées
50 g de chorizo
50 g de tomates confites à l'huile d'olive
6 branches de persil plat
Piment doux
Graines de sésame
Poivre du moulin

Astuce

Vous pouvez faire une sauce sucré-salé en remplaçant les tomates confites par des abricots secs et le chorizo par du bresaola.

1. Préparez les gressins : Découpez dans les pâtes 32 bâtonnets de 20 cm de long et d'environ 7 mm de largeur. Assemblez-les deux par deux en les entortillant ensemble. Mélangez un jaune d'œuf avec une cuillerée à café d'eau. Badigeonnez au pinceau les gressins puis saupoudrez de graines de sésame et de fleur de sel.

2. Tapissez une plaque allant au four avec une feuille de papier sulfurisé et déposez les bâtonnets. Enfournez à four chaud à 200 °C pendant 8 à 10 minutes en surveillant la cuisson. Sortez-les du four et laissez-les refroidir.

3. Préparez la sauce : Hachez 50 g de chorizo et 50 g de tomates confites. Lavez le persil et essorez-le. Ciselez-le finement. Dans un saladier, mélangez 250 g de fromage blanc avec le chorizo, les tomates et le persil. Poivrez et ajoutez une petite cuillerée à café de piment doux.

4. Présentez dans un joli bol transparent avec les gressins à côté.

PALMIERS
au saumon et sésame

Pour une trentaine de palmiers
Préparation : 5 min
Cuisson : 10 min

2 pâtes feuilletées
4 tranches de saumon fumé
Graines de sésame

Astuce

Vous pouvez remplacer le saumon par des tranches de pancetta, de chorizo ou du comté fruité saupoudré de graines de pavot.

1. Préchauffez le four à 180 °C (th. 6).

2. Étalez les pâtes feuilletées, saupoudrez de graines de sésame et posez au centre de chacune d'elles 2 tranches de saumon fumé côte à côte.

3. Saupoudrez à nouveau de graines de sésame et coupez l'excédent de pâte. Roulez serré la pâte jusqu'à la moitié puis recommencez pour l'autre côté. Faites la même chose avec la deuxième pâte feuilletée. Coupez alors des tranches d'une épaisseur d'un centimètre.

4. Sur une plaque allant au four recouverte d'une feuille de papier sulfurisé, déposez les petits palmiers et enfournez à 200 °C (th. 6-7) pendant 10 minutes. Les palmiers doivent être dorés.

5. À déguster froid.

TARAMA
et blinis maison

Pour une trentaine de bouchées
Préparation : 30 min
Repos : 4 heures
Réfrigération : 1 heure
Cuisson : 3 min

250 g de farine
200 g d'œufs de cabillaud
30 cl de lait
30 cl d'huile de tournesol
3 œufs
20 g de beurre
12 g de levure de boulanger
1 citron jaune
1 citron vert non traité
1 cuillerée à soupe
bombée de crème fraîche épaisse
Sel

1. Préparez les blinis : Laissez reposer le lait à température ambiante. Ajoutez la levure et mélangez. Laissez reposer. Séparez les blancs des jaunes d'œufs. Dans un saladier, versez la farine, faites un puits, ajoutez une cuillerée à café de sel et trois jaunes d'œufs. Mélangez et incorporez le lait. Laissez reposer 4 heures. Montez les blancs en neige ferme avec une pincée de sel et incorporez-les délicatement à la pâte en la soulevant.

2. Préparez le tarama : Mixez les œufs de cabillaud avec le jus d'un demi-citron, puis incorporez l'huile, en laissant la préparation reprendre consistance. Quand elle est bien ferme, ajoutez la crème fraîche. Laissez reposer 1 heure au réfrigérateur.

3. Dans une poêle antiadhésive, faites fondre le beurre à feu moyen puis, avec une cuillère à soupe, déposez des petits tas de pâte en les aplatissant pour former des cercles de 6 cm de diamètre. Faites dorer environ 1 minute et demie de chaque côté.

4. Laissez les blinis tiédir puis déposez à l'aide d'une poche à douilles un peu de tarama. Décorez avec un quart de rondelle de citron vert.

SABLÉS
au parmesan

Pour 20 sablés • Préparation : 10 min • Repos : 1 heure • Cuisson : 12 à 15 min

180 g de farine • 150 g de beurre • 80 g de parmesan •
Sel, poivre du moulin

1. Préchauffez le four à 180 °C (th. 6).

2. Dans un saladier, versez la farine et le beurre ramolli en petits morceaux. Travaillez le mélange aux doigts puis ajoutez le parmesan et deux cuillerées à café de poivre. Malaxez la pâte, formez une boule et laissez-la reposer 1 heure.

3. Couvrez une plaque allant au four d'une feuille de papier sulfurisé. Étalez finement la pâte au rouleau sur un plan de cuisine fariné.

4. À l'aide d'un emporte-pièce dont vous pouvez varier les formes, découpez les sablés et posez-les sur la plaque. Enfournez à 180 °C (th. 6) pendant 12 à 15 minutes en surveillant la fin de cuisson.

Astuce

Vous pouvez parsemer sur les sablés quelques amandes effilées et/ou des noisettes concassées.

VERRINES DE VELOUTÉ
de céleri à la truffe

Pour 24 verrines • Préparation : 20 min • Cuisson : 20 min

2 grosses pommes de terre type Bintje ou Charlotte • 1 céleri-rave • 40 cl de crème fraîche • 1 truffe • Huile de truffe • Sel, poivre

1. Épluchez le céleri et les pommes de terre, coupez-les en gros morceaux et faites-les cuire à l'eau bouillante salée pendant 20 minutes.

2. Passez les légumes dans un moulin à légumes en ajoutant un verre d'eau de cuisson et la crème fraîche liquide. Fouettez la purée ainsi obtenue. Salez et poivrez.

3. Répartissez le velouté dans des verrines, arrosez d'un petit filet d'huile de truffe et décorez avec des lamelles de truffe.

Astuce

Les verrines peuvent se déguster tièdes ou froides ou être servies en accompagnement d'un poisson.

BLINIS MAISON
au saumon

Pour 10 blinis
Préparation : 30 min
Repos : 4 heures
Réfrigération : 1 heure
Cuisson : 3 min

Crème fraîche épaisse
400 g de saumon fumé
250 g de farine
200 g de fromage blanc
3 œufs
30 g d'œufs de truite ou de saumon
30 cl de lait
12 g de levure de boulanger
20 g de beurre
1 citron vert
1 botte de ciboulette
Huile de tournesol
Sel

Astuce

Vous pouvez ajouter une pointe d'orange dans le fromage blanc à la place du citron.

1. Hachez la ciboulette finement. Gardez quelques brins entiers pour la déco. Mélangez le fromage blanc avec la ciboulette et ajoutez un zeste de citron vert, salez modérément et poivrez.

2. Préparez les blinis : laissez reposer le lait à température ambiante. Ajoutez la levure et mélangez. Laissez reposer. Séparez les blancs des jaunes d'œufs. Versez la farine dans un saladier, faites un puits, ajoutez une cuillerée à café de sel et 3 jaunes d'œufs. Mélangez et incorporez le lait. Laissez reposer 4 heures. Montez les blancs en neige fermes avec une pincée de sel et incorporez-les délicatement à la pâte en la soulevant.

3. Dans une poêle antiadhésive, faites fondre le beurre à feu moyen puis, avec une cuillère à soupe, déposez des petits tas de pâte en les aplatissant pour former des cercles de 10 cm de diamètre. Faites dorer environ 1 minute et demie de chaque côté. Laissez tiédir.

4. Sur les blinis tièdes, déposez une cuillerée de fromage blanc et quelques tranches de saumon, ajoutez des œufs de saumon et quelques brins de ciboulette. Servez tiède.

VERRINES DE GAMBAS *à la truffe*

Pour 12 verrines
Préparation : 10 min
Cuisson : 10 min

36 gambas crues
4 branches de persil plat
1 gousse d'ail
1 noix de beurre
1 cuillerée à soupe d'huile d'olive
1 cuillerée à soupe d'huile de truffe
Quelques copeaux de truffe
Quelques branches d'aneth pour le décor
Sel, poivre concassé

Astuce

À défaut de truffe, vous pouvez utiliser du gingembre frais haché.

1. Hachez l'ail et le persil plat.

2. Décortiquez les gambas. Réservez-en 12 avec la carapace de la queue pour le décor.

3. Faites chauffer l'huile d'olive dans une sauteuse et ajoutez le beurre. Lorsqu'il mousse, versez les gambas. Salez, poivrez et incorporez le persil et l'ail hachés. Laissez cuire 5 minutes, puis ajoutez l'huile de truffe et les copeaux de truffe. Mélangez.

4. Répartissez la préparation dans les verrines et décorez avec les gambas réservées et des plumets d'aneth. Servez bien chaud.

ROULÉS DE SAUMON FUMÉ
à l'avocat

Pour 6 personnes
Préparation : 20 min
Réfrigération : 45 min

300 g de fromage frais type Philadelphia®
6 tranches de saumon fumé
1 avocat
2 cuillerées à soupe de fromage blanc
Quelques brins de ciboulette
Sel, poivre

Astuce

Ajoutez des mini-dés de pomme verte à la garniture.

1. Lavez, séchez et hachez finement la ciboulette. Mélangez le fromage frais, le fromage blanc et la ciboulette. Salez et poivrez.

2. Étalez les tranches de saumon sur du film alimentaire et ajoutez une fine couche de préparation.

3. Pelez l'avocat et taillez-le en petits cubes. Répartissez-les sur la préparation.

4. Enroulez les tranches de saumon pour former un ou plusieurs rouleaux et serrez-les dans du film alimentaire. Conservez-les au frais, puis placez-les 45 minutes au congélateur pour qu'ils durcissent. Taillez-les en tranches à l'aide d'un couteau très fin (rincez-le après chaque découpe).

5. Réservez les roulés au frais jusqu'au moment de servir.

MINI-CRUMBLES DE FOIE GRAS *aux truffes*

Pour 12 mini-crumbles
Préparation : 35 min
Cuisson : 20 min

400 g de foie gras de canard frais
200 g de farine
100 g de beurre doux extra-fin
1 truffe
Mélange quatre-épices
Gros sel
Sel, poivre

Astuce

Vous pouvez ajouter dans la pâte à crumble quelques noisettes ou amandes entières concassées pour donner plus de croquant.

1. Préparez le foie gras : Ouvrez le foie gras en deux dans le sens de l'épaisseur et dénervez-le soigneusement. Assaisonnez-le avec une cuillerée de mélange quatre-épices, une cuillerée à café rase de sel et de poivre. Détaillez la truffe en fines lamelles à l'aide d'un économe et glissez 5 lamelles dans le foie. Refermez-le et laissez-le reposer au frais pendant 30 minutes.

2. Préparez la pâte à crumble : Dans un saladier, versez la farine, le beurre ramolli et une belle cuillerée à café de gros sel. Avec le bout des doigts, travaillez le mélange de manière à obtenir une pâte grumeleuse.

3. Dans des petits plats individuels allant au four, déposez au fond de fines escalopes de foie gras et recouvrez de pâte.

4. Enfournez à four très chaud à 220 °C (th. 7-8) pendant 20 minutes en surveillant la fin de cuisson.

5. Décorez avec des lamelles de truffe et servez aussitôt.

ENTRÉES

BERCEAUX DE POULET
aux morilles

Pour 4 personnes
Préparation : 25 min
Trempage : 1 nuit
Cuisson : 8-10 min

1 pâte feuilletée
2 filets de poulet coupés en dés
30 cl de crème fraîche liquide
30 g de morilles sèches
20 g de beurre doux
4 branches de cerfeuil
1 salade de mesclun
Huile d'olive
Vinaigre de Xérès
Sel, poivre

Astuce

Vous pouvez remplacer les morilles par des girolles ou des trompettes-de-la-mort.

1. Mettez à tremper les morilles une nuit dans un saladier d'eau tiède. Le lendemain, ouvrez les morilles en deux puis lavez-les soigneusement et séchez-les.

2. Foncez la pâte dans quatre moules à tarte individuels et enfournez-les à four chaud à 200°C pendant 8 minutes environ : la pâte doit dorer et peut gonfler légèrement.

3. Mettez le beurre dans une sauteuse. Lorsqu'il est mousseux, jetez-y les morilles. Remuez et maintenez à feu moyen pendant 2 minutes puis ajoutez la crème fraîche et les filets de poulet coupés en dés. Salez et poivrez. Laissez cuire 5 à 6 minutes.

4. Lavez le cerfeuil, séchez-le et hachez-le grossièrement. Lavez la salade, essorez-la. Préparez une vinaigrette avec trois cuillerées à soupe d'huile d'olive et une cuillerée à soupe de vinaigre. Salez et poivrez.

5. Lorsque les fonds de tartes sont cuits, démoulez-les et garnissez-les du mélange poulet et morilles. Dressez 4 assiettes individuelles avec la salade assaisonnée et posez le feuilleté sur la salade. Décorez avec le cerfeuil haché.

BRICKS DE FOIE GRAS *aux figues*

Pour 6 bricks
Préparation : 10 min
Cuisson : 4 min

240 g de foie gras de canard frais
6 feuilles de brick
12 figues
Mesclun
Baies roses
Huile de colza
Sel de Guérande,
poivre du moulin

Astuce

Le foie gras se marie également très bien avec la pomme, la poire ou le raisin, que vous ferez caraméliser légèrement à la poêle avant de les poser sur les feuilles de brick.

1. Lavez délicatement les figues, équeutez-les et séchez-les soigneusement. Coupez-les en tranches d'un demi-centimètre d'épaisseur.

2. Dénervez le foie gras et escalopez-le en tranches fines d'environ 30 g chacune.

3. Lavez la salade de mesclun et essorez-la. Accompagnez-la d'une vinaigrette réalisée avec 2 cuillerées à soupe d'huile de colza, une petite cuillerée à soupe de vinaigre de vin et du sel.

4. Sur chaque feuille de brick, posez les tranches de figue en rosace et l'escalope de foie gras. Salez modérément et poivrez. Ajoutez quatre baies roses. Refermez les bricks de façon à former un rectangle.

5. Dans une poêle antiadhésive, faites revenir deux cuillerées à soupe d'huile de colza et déposez les bricks. Faites revenir les bricks 2 minutes de chaque côté.

6. Dressez la salade sur des assiettes individuelles puis disposez deux bricks dans chacune. Décorez avec quelques baies roses et une figue fraîche ouverte en croix.

LANGOUSTINES
cocktail

Pour 6 personnes
Préparation : 20 min
Cuisson : 7 à 8 min

1,2 kg de langoustines
1 salade de mesclun
4 cuillerées à soupe de pignons de pin
1 œuf
1 branche de laurier
Huile de colza
Vinaigre de Xérès
Moutarde
Whisky
Ketchup
Gros sel
Sel fin, poivre du moulin

1. Lavez la salade et essorez-la. Préparez une vinaigrette avec trois cuillerées à soupe d'huile et une de vinaigre. Salez et poivrez.

2. Portez à ébullition un grand faitout rempli d'eau froide comportant une cuillerée à soupe de gros sel et une petite branche de laurier. Quand l'eau bout, plongez les langoustines, attendez la deuxième ébullition et égouttez-les. Décortiquez en ôtant têtes et queues. Réservez.

3. Préparez la sauce cocktail : dans un bol, versez un jaune d'œuf et une cuillerée à café de moutarde. Salez et poivrez. Montez la mayonnaise avec une dizaine de cuillerées à soupe d'huile. Attendez qu'elle reprenne consistance entre chaque cuillerée. Lorsque la mayonnaise est montée et ferme, ajoutez une cuillerée à soupe de whisky et une cuillerée à soupe de ketchup.

4. Faites griller à sec environ 3 minutes les pignons de pin en les remuant régulièrement.

5. Dressez 6 assiettes individuelles. Sur chacune d'elles, disposez la salade assaisonnée et 8 à 10 langoustines. Parsemez de pignons. Servez la sauce cocktail dans de petits bols individuels.

TARTELETTES DE BOUDIN BLANC *aux girolles*

Pour 6 personnes
Préparation : 15 min
Cuisson : 23 à 26 min

1 pâte brisée
2 boudins blancs nature
300 g de girolles
2 œufs
30 g de beurre doux
20 cl de crème fraîche épaisse
8 brins de ciboulette
1 gousse d'ail
Huile de truffe
Sel, poivre

Astuce

Vous pouvez réaliser cette recette en remplaçant les girolles par des trompettes-de-la-mort.

1. Coupez les pieds des girolles et lavez-les soigneusement à l'eau. Égouttez-les puis essuyez-les délicatement avec un torchon propre.

2. Lavez la ciboulette, essuyez-la et ciselez-la. Épluchez la gousse d'ail, coupez-la en 2, ôtez le germe et détaillez-la en petits dés.

3. Faites revenir les girolles dans une poêle antiadhésive avec le beurre et l'ail, du sel et du poivre pendant 8 minutes. Toute l'eau doit avoir disparu.

4. Découpez 6 ronds de pâte brisée de la dimension de vos moules à tarte individuels. Foncez la pâte et piquez-la avec une fourchette.

5. Dans un bol, battez vigoureusement 2 œufs entiers avec la crème fraîche. Salez, poivrez et ajoutez un filet d'huile de truffe.

6. Ôtez le boyau des boudins blancs et découpez-les en tranches fines. Déposez les tranches de boudin sur les fonds de tarte de manière à former des rosaces. Répartissez les girolles sur le boudin puis répartissez l'appareil. Enfournez à four chaud à 200 °C (th. 6-7) pendant 15 à 18 minutes. Décorez avec quelques brins de ciboulette ciselée.

MILLEFEUILLES DE ROUGETS
aux pousses d'épinard

Pour 6 personnes
Préparation : 25 min
Cuisson : 10 min

300 g de pousses d'épinard
18 filets de rouget (levés par votre poissonnier)
100 g de beurre doux extra-fin
1 échalote
2 verres de Sancerre blanc
Tapenade d'olives noires
1 cuillerée à soupe de vinaigre blanc
Huile d'olive
Sel, poivre

Astuce

Vous pouvez remplacer la tapenade par une duxelles de champignons ou des tomates confites mixées.

1. Lavez les pousses d'épinard et essorez-les.

2. Préparez le beurre blanc : Épluchez l'échalote et émincez-la finement. Mettez-la dans une casserole à fond épais, ajoutez le vin blanc et le vinaigre blanc. Salez et poivrez. Portez à ébullition et laissez réduire 10 minutes. Réduisez le feu et ajoutez en fouettant le beurre coupé en petits morceaux jusqu'à l'obtention d'une sauce aérée et lisse. Passez au tamis et maintenez au chaud sur une plaque coupe-feu.

3. Essuyez les filets de rouget et ôtez les arêtes avec une pince à épiler. Dans une poêle antiadhésive, faites chauffer 3 cuillerées à soupe d'huile d'olive et faites revenir les filets sur les 2 faces pendant 4 à 5 minutes. Salez et poivrez.

4. Dans chaque assiette individuelle, dressez 2 feuilles d'épinard et un filet de rouget, puis déposez une petite cuillerée de tapenade puis recommencez l'opération 3 fois en finissant par la tapenade. Entourez chaque millefeuille de beurre blanc. Servez aussitôt.

ŒUFS DE CAILLE EN COCOTTE à l'huile de truffe

Pour 6 personnes • Préparation : 5 min • Cuisson : 10 à 12 min

24 œufs de caille • 8 brins de ciboulette • 6 c. à soupe de crème liquide • 1 truffe • Huile de truffe • Sel, poivre

1. Préchauffez le four à 180 °C (th. 6).

2. Lavez la ciboulette, essuyez-la et ciselez-la.

3. Dans des petites cocottes individuelles allant au four, cassez 4 œufs par cocotte, arrosez d'un filet d'huile de truffe, salez et poivrez. Ajoutez une cuillerée à soupe de crème par cocotte. Parsemez de ciboulette ciselée.

4. Émincez finement des copeaux de truffe avec un économe et parsemez-les sur les œufs.

5. Enfournez au bain-marie à 200 °C (th. 6-7) pendant 10 à 12 minutes.

Astuce

Vous pouvez également ajouter une base crémée en mélangeant quatre cuillerées à soupe de crème fraîche arrosée d'une belle cuillerée à soupe d'huile de truffe, de brins de ciboulette ciselée, de sel, de poivre et de copeaux de truffe.

HUÎTRES GRATINÉES
au gingembre

Pour 6 personnes • Préparation : 15 min • Cuisson : 5 min

24 huîtres creuses petites ou moyennes • 50 g de beurre mou • 30 g de chapelure • 1 bouquet de coriandre • 1 gousse d'ail • 1 c. à soupe de gingembre râpé • Sel, poivre

1. Pelez et hachez l'ail. Lavez, séchez et hachez la coriandre. Malaxez le beurre mou à la fourchette et incorporez le gingembre, la coriandre et l'ail. Salez et poivrez.

2. Préchauffez le four en position gril.

3. Passez les huîtres sous l'eau et ouvrez-les. Détachez-les de leur coquille et rincez-les pour supprimer les éclats de calcaire. Replacez-les dans leurs coquilles et ajoutez une noix de beurre parfumé. Saupoudrez de chapelure et enfournez pour 5 minutes. Servez bien chaud.

Astuce

Vous pouvez incorporer des zestes de citron vert au beurre en pommade.

FEUILLETÉS DE HADDOCK
et tomates confites

Pour 6 personnes
Préparation : 20 min
Cuisson : 15 min

400 g de haddock
2 pâtes feuilletées
200 g de pousses d'épinards
100 g de tomates confites
2 jaunes d'œufs
15 cl de crème
fraîche liquide
1 bouquet de cerfeuil
Huile de tournesol
Vinaigre balsamique
Sel, poivre

Astuce

Vous pouvez remplacer le haddock par du flétan fumé.

1. Ôtez la peau du haddock. Gardez-en un petit morceau et coupez le reste en petits dés.

2. Lavez le cerfeuil, séchez-le et ôtez les tiges. Lavez les pousses d'épinard et essorez-les.

3. Préparez une vinaigrette avec trois cuillerées à soupe d'huile de tournesol et une cuillerée à soupe de vinaigre balsamique. Salez et poivrez. Assaisonnez la salade et ajoutez les dés de haddock.

4. Mixez le morceau de poisson qui vous reste avec la crème fraîche, le cerfeuil, un jaune d'œuf et 100 g de tomates confites. Poivrez.

5. À l'aide d'un emporte-pièce carré d'environ 8 cm de côté ou avec un couteau, découpez 12 carrés de pâte. Posez au centre de chacun d'eux une cuillerée à soupe de la préparation et refermez en relevant les quatre coins.

6. Dorez avec le 2e jaune d'œuf et enfournez à four chaud pendant 15 minutes. Dressez les assiettes individuelles en disposant la salade de pousses d'épinards et 2 feuilletés sur chacune.

BOUCHÉES À LA REINE
aux escargots

Pour 6 personnes
Préparation : 30 min
Cuisson : 15 min

500 g de pâte feuilletée 300 g d'escargots égouttés
1 bouquet de persil plat
1 gousse d'ail
1 jaune d'œuf
20 g de beurre
20 cl de crème liquide
Sel, poivre

Astuce

Vous pouvez également préparer une sauce béchamel et y ajouter les escargots.

1. Préchauffez le four à 200 °C (th. 6-7).

2. Étalez la pâte feuilletée et coupez-la en deux. Superposez les deux couches et découpez 6 bouchées à la reine à l'aide d'un emporte-pièce. Badigeonnez-les de jaune d'œuf au pinceau. Enfournez-les pour 15 minutes sur une plaque de cuisson recouverte de papier sulfurisé.

3. Pelez et hachez l'ail. Lavez, séchez et hachez le persil. Faites fondre le beurre dans une poêle et faites revenir les escargots pendant 5 minutes avec l'ail et le persil. Versez la crème liquide, salez et poivrez. Laissez réduire à feu moyen pour faire épaissir la sauce.

4. À la sortie du four, versez les escargots dans les bouchées à la reine et servez sans tarder.

FOIE GRAS AUX POIRES
et au miel des pinèdes

Pour 6 personnes • Préparation : 35 min • Cuisson : 10 min • Repos : 1 nuit

2 lobes de foie gras frais de 450 g pièce • 4 poires juteuses • 1 c. à soupe de miel de sapin • Romarin • Fleur de sel, poivre

1. Coupez les lobes de foie gras en tranches de 1 cm d'épaisseur. Faites-les cuire 3 minutes de chaque côté à feu moyen, salez et poivrez. Égouttez-les sur du papier absorbant pour supprimer l'excédent de graisse (conservez celle-ci pour cuire du poulet ou du canard).

2. Épluchez les poires et taillez-les en tranches fines. Faites-les revenir dans la même poêle que le foie gras. Versez le miel, retournez les poires et laissez-les caraméliser. Parsemez de romarin haché.

3. Disposez les tranches de foie gras les unes sur les autres dans un moule en intercalant les tranches de poire. Mettez sous presse pendant 1 nuit et démoulez avant de servir.

Astuce

Ce foie gras se conserve au frais pendant 5 jours. Sa saveur est même plus intense au bout de 2 à 3 jours de macération.

SAUMON MARINÉ
au citron vert

Pour 6 personnes • Préparation : 20 min • Marinade : 3 heures

1 filet de saumon frais de 600 g • 2 citrons verts non traités • 2 pommes Granny Smith non traitées • 1 verre d'huile d'olive • Baies roses • Sel, poivre

1. Ôtez les arêtes du saumon à l'aide d'une pince à épiler. Tranchez-le avec un couteau fin et long et disposez les tranches dans un plat creux.

2. Râpez les zestes des citrons et pressez-les.

3. Lavez les pommes vertes, détaillez-les en tranches, puis en bâtonnets. Réservez la moitié des bâtonnets pour le décor. Citronnez-les légèrement.

4. Versez le jus de citron et l'huile d'olive sur le saumon et ajoutez les zestes et les bâtonnets de pomme restants. Salez, poivrez et faites mariner pendant 2 à 3 heures au frais. Retirez les bâtonnets de pomme marinés et remplacez-les par les frais. Parsemez de baies roses et servez avec de grandes tranches de pain de seigle grillées.

Astuce

Pour changer, remplacez le citron vert par du pamplemousse.

HOMARD RÔTI,
sauce au poivre rose

Pour 6 personnes
Préparation : 20 min
Cuisson : 10 min

6 homards bretons vivants
40 cl de crème liquide entière
20 cl de vin blanc sec
1 échalote
1 cuillerée à soupe
de baies roses
Beurre
Sel, poivre

Astuce

Vous pouvez ajouter de la coriandre et du gingembre hachés à la sauce.

1. Préchauffez le four en position gril.

2. Fendez les homards en deux avec un grand couteau, disposez-les sur une plaque de cuisson, salez, poivrez et ajoutez une noix de beurre. Enfournez-les pour 10 minutes.

3. Pendant ce temps, préparez la sauce. Pelez et hachez l'échalote. Faites réduire le vin blanc avec l'échalote dans une petite casserole. Lorsque le vin a réduit de moitié, versez la crème liquide et les baies roses. Salez, poivrez et laissez cuire 5 minutes.

4. Hors du feu, ajoutez quelques morceaux de beurre mou en donnant un mouvement circulaire à la casserole pour épaissir la sauce.

5. Versez la sauce sur les homards et servez avec du riz blanc ou des pommes au four.

GOUGÈRES

Pour 20 pièces
Préparation : 20 min
Cuisson : 15 à 20 min
3 œufs
150 g de gruyère râpé
125 g de farine
80 g de beurre
1 pincée de sucre semoule
1 pincée de sel

Astuce

Réalisez les gougères avec différents types de fromages.

1. Préchauffez le four à 200 °C (th. 6-7).

2. Préparez la pâte : Faites chauffer le beurre, 25 cl d'eau, le sel et le sucre dans une casserole. Dès que le beurre est fondu et que l'eau bout, versez la farine d'un seul coup et mélangez bien avec une cuillère en bois, jusqu'à ce que la pâte forme une boule et n'adhère plus à la cuillère et à la casserole. Incorporez les œufs un à un hors du feu. Mélangez après chaque ajout jusqu'à ce que la boule se reforme. Ajoutez 50 g de fromage râpé.

3. Formez des choux sur une plaque de cuisson recouverte de papier sulfurisé à l'aide d'une poche à douille et saupoudrez-les du reste de gruyère râpé.

4. Enfournez pour 15 à 20 minutes en surveillant la fin de la cuisson, mais sans ouvrir le four pour éviter que les choux retombent. Laissez-les tiédir avant de servir.

ESCARGOTS
en persillade

Pour 6 personnes • Préparation : 20 min • Cuisson : 8 min
300 g d'escargots égouttés • 100 g de beurre • 2 gousses d'ail •
1 bouquet de persil plat • Sel, poivre

1. Préchauffez le four à 220 °C (th. 7-8).

2. Pelez l'ail. Lavez et séchez le persil. Préparez le beurre d'ail en mixant l'ail, le persil et le beurre en pommade. Salez et poivrez.

3. Introduisez les escargots dans les coquilles et ajoutez le beurre d'ail en tassant bien. Enfournez pour 8 minutes. Servez bien chaud.

Astuce

Vous pouvez remplacer le persil par de la coriandre.

COQUILLES SAINT-JACQUES *gratinées*

Pour 6 personnes • Préparation : 15 min • Cuisson : 8 min

18 noix de Saint-Jacques • 6 gros champignons de Paris • 30 g de chapelure • 20 cl de vin blanc sec • 20 cl de crème liquide entière • 1 gousse d'ail • 1 bouquet de ciboulette • Baies roses • Sel, poivre

1. Lavez et essuyez les champignons, puis coupez-les en tranches. Pelez et hachez la gousse d'ail. Lavez, séchez et hachez la ciboulette.

2. Faites réduire le vin blanc dans une casserole pendant 5 minutes, puis ajoutez la crème, l'ail et la ciboulette. Salez, poivrez et laissez réduire encore 3 minutes.

3. Préchauffez le four en position gril. Répartissez 3 noix de Saint-Jacques dans 6 coquilles. Ajoutez des tranches de champignon et versez 1 cuillerée à soupe de crème. Saupoudrez de chapelure et parsemez de baies roses. Enfournez pour 8 minutes. Servez bien chaud.

Astuce

Ajoutez des petits lardons à la préparation.

AUMÔNIÈRES DE SAUMON
et crabe à l'orange

Pour 6 personnes
Préparation : 15 min
Cuisson : 15 min

6 feuilles de brick
4 tranches de saumon fumé
100 g de crabe égoutté
1 orange non traitée
2 oignons nouveaux
1 petite botte de ciboulette
10 cl de crème liquide
Huile d'olive
Sel, poivre

Astuce

La farce doit être sèche pour que les aumônières se tiennent bien. Sinon la base de la feuille de brick sera trop molle et difficile à manipuler.

1. Coupez le saumon fumé en petits dés. Pelez et émincez les oignons. Lavez, séchez et hachez la ciboulette. Prélevez les zestes de l'orange. Mélangez les dés de saumon, le crabe et les oignons. Ajoutez la moitié de la ciboulette.

2. Faites revenir la préparation avec un filet d'huile d'olive dans une sauteuse. Versez la crème et laissez cuire 5 minutes. Salez, poivrez et ajoutez les zestes d'orange.

3. Préchauffez le four à 200 °C (th. 6-7).

4. Répartissez la farce sur les feuilles de brick et repliez-les en forme d'aumônières. Nouez-les avec de la ficelle de cuisson. Disposez-les sur une plaque de cuisson recouverte de papier sulfurisé et enfournez-les pour 10 minutes. Servez bien chaud, parsemé de ciboulette.

BOUCHÉES D'ÉCREVISSES
aux poireaux et citron vert

Pour 6 personnes
Préparation : 25 min
Cuisson : 25 min

6 feuilletés pour bouchées à la reine
200 g d'écrevisses décortiquées
4 blancs de poireau
1 citron vert
80 g de beurre
10 cl de crème liquide entière
Sel, poivre

Astuce

Préparez des mini-feuilletés et servez-les à l'apéritif ou lors d'un buffet.

1. Lavez les blancs de poireau et coupez-les en deux. Taillez-les en julienne ou en rondelles fines. Pressez le citron vert.

2. Faites fondre le beurre dans une sauteuse et faites suer les poireaux pendant 5 minutes sans laisser colorer. Versez un bon verre d'eau, salez et poivrez. Poursuivez la cuisson 20 minutes à feu doux en surveillant. Les poireaux doivent être fondants. Ajoutez un peu d'eau en cours de cuisson si nécessaire.

3. Préchauffez le four à 180 °C (th. 6).

4. Versez les écrevisses et la crème dans la sauteuse et laissez réduire pendant 5 minutes. Salez et poivrez.

5. Répartissez la garniture dans les feuilletés et enfournez-les pour 5 minutes. Arrosez de citron vert et servez bien chaud.

CARPACCIO DE SAINT-JACQUES
au yuzu

Pour 6 personnes • Préparation : 10 min • Marinade : 30 min

18 noix de Saint-Jacques sans le corail • 100 g de roquette ou de mesclun • 1 yuzu frais • 6 c. à soupe de vinaigrette • 3 c. à soupe d'huile d'olive • 1 c. à soupe de baies roses • 1 c. à café de gingembre frais haché • Sel, poivre

1. Lavez les noix de Saint-Jacques et séchez-les dans un torchon propre.

2. Pressez le jus du yuzu et râpez le zeste. Ajoutez l'huile d'olive, le gingembre, salez et poivrez.

3. Taillez les noix de Saint-Jacques en tranches très fines. Arrosez-les de marinade et réservez-les 30 minutes au frais.

4. Répartissez le carpaccio dans les assiettes et parsemez de baies roses. Disposez la salade au centre et arrosez-la de vinaigrette. Servez bien frais.

Astuce

À défaut de yuzu, utilisez du citron vert.

CARPACCIO DE BAR
à la mangue

Pour 6 personnes • Préparation : 15 min

3 gros filets de bar (levés par votre poissonnier) • 2 mangues • 1 citron jaune • Baies roses • Huile d'olive • Sel de Guérande, poivre du moulin

1. Ôtez si nécessaire les arêtes des filets de bar avec une pince à épiler puis escalopez dans le sens de l'épaisseur de fines tranches de poisson.

2. Épluchez la mangue et taillez-la en fines tranches, les plus régulières possible.

3. Sur des assiettes individuelles, disposez quelques tranches de mangues puis de bar. Poivrez et salez légèrement au sel de Guérande. Parsemez de baies roses puis citronnez légèrement. Servez aussitôt.

Astuce

Le poisson doit impérativement être extra-frais : son aspect doit être brillant, blanc et légèrement rosé à l'arête.

RAVIOLES DE FOIE GRAS
et salade de roquette

Pour 6 personnes
Préparation : 30 min
Cuisson : 4 min

300 g de pâte à pâtes fraîches ou des petits carrés de pâte à raviolis chinois
200 g de foie gras de canard nature
150 g de roquette
1 bouillon cube de poule
Huile d'olive
Crème de balsamique
Poivre

Astuce

Vous pouvez apporter des touches sucrées dans les ravioles avec des raisins secs, des cubes de pommes caramélisées…

1. Étalez la pâte pour qu'elle soit bien fine.

2. Découpez des petits cubes de foie gras. Disposez des cubes sur la pâte et recouvrez d'une autre partie de pâte.

3. Découpez les ravioles avec un emporte-pièce et farinez-les rapidement. Conservez dans un endroit frais et entre deux torchons avant de cuire.

4. Lavez la salade de roquette et disposez-la dans des petites assiettes creuses.

5. Faites cuire les raviolis 4 minutes environ (en fonction de leur épaisseur) dans une casserole d'eau chaude avec un bouillon cube de poule dissout. Égouttez-les et disposez les sur la salade avec un filet d'huile d'olive et un filet de crème de balsamique. Servez bien chaud.

CROUSTILLANTS DE GAMBAS
aux pommes caramélisées

Pour 6 personnes
Préparation : 25 min
Cuisson : 10 min

24 gambas
6 feuilles de brick
4 pommes Golden ou Reinette
30 g de sucre
20 g de beurre
Huile d'olive
Sel, poivre

Astuce

Vous pouvez renouveler cette recette en remplaçant les pommes par de la mangue ou des poires.

1. Décortiquez les gambas et laissez l'extrémité de la queue. Découpez des lamelles de feuille de brick et enroulez les gambas dans ces lamelles.

2. Disposez les gambas sur une plaque recouverte de papier sulfurisé et légèrement huilé. Placez au four pendant 10 min à 220 °C (th. 7-8).

3. Épluchez les pommes et coupez-les en fines lamelles.

4. Faites chauffer une poêle à feu moyen avec un filet d'huile d'olive et une noisette de beurre et faites revenir les tranches de pomme dans le beurre. Lorsque les pommes commencent à être translucides, ajoutez le sucre et laissez caraméliser doucement.

5. Disposez les lamelles de pommes dans les assiettes en formant des rosaces. Ajoutez les gambas dorées et servez bien chaud.

SAUMON GRAVELAX
aux 3 poivres

Pour 6 personnes
Préparation : 15 min
Repos : 3 jours

1 filet de saumon cru
avec la peau de 1 kg
20 g d'aneth frais
ou 10 g séché
140 g de sucre cristallisé
100 g de gros sel
10 g de poivre

Astuce

Vous pouvez ajouter du miel dans la sauce si vous aimez les mélanges sucré-salé.

1. Ôtez les arêtes avec une pince à épiler. Répartissez les ingrédients sur la partie de la chair, pliez en deux et mettez au frais pendant 2 jours. Remuez de temps en temps.

2. Le 3e jour, lavez le filet sous l'eau pour le débarrasser du jus, séchez-le et remettez-le au frais pendant une journée.

3. Le 4e jour, coupez de fines tranches en biais, et servez-le avec une mayonnaise de moutarde en grains agrémentée d'aneth et de ciboulette hachées.

TOASTS DE BOUDIN BLANC
et jambon de Parme

Pour 6 personnes
Préparation : 10 min
Cuisson : 5 min

12 tranches de pain d'épices très fines
2 boudins blancs
4 tranches de jambon de Parme
4 branches de romarin
Huile d'olive
Sel, poivre

Astuce

Beurrez légèrement le pain d'épices avant de le faire tiédir.

1. Ôtez la peau des boudins blancs et taillez-les en tranches. Coupez les tranches de pain d'épices en quatre pour obtenir des petits toasts. Détaillez le jambon de Parme en lamelles. Lavez, séchez et hachez le romarin.

2. Faites chauffer un filet d'huile d'olive dans une sauteuse et faites revenir les tranches de boudin blanc. Salez, poivrez et ajoutez le romarin.

3. Préchauffez le four à 180 °C (th. 6) et enfournez les tranches de pain d'épices pour 5 minutes.

4. Disposez les tranches de boudin dorées sur le pain d'épices tiède. Ajoutez les lamelles de jambon et servez sans tarder.

PLATS

FOIE GRAS POÊLÉ
aux navets glacés

Pour 6 personnes • Préparation : 30 min • Cuisson : 30 min

800 g de foie gras de canard frais • 24 petits navets • 100 g de beurre doux • 2 c. à soupe de sucre semoule • Porto blanc • Sel, poivre

1. Préparez les navets : Épluchez-les et faites-les cuire 10 minutes dans de l'eau bouillante salée. Égouttez-les puis faites-les confire pendant 20 minutes à petit feu dans ½ litre d'eau avec le beurre, le sucre, le sel et le poivre.

2. Préparez le foie gras : Ouvrez le foie gras en deux, dénervez-le et escalopez-le en tranches épaisses de 2 centimètres. Poêlez-le 2 minutes sur chaque face, déglacez avec un demi-verre de porto blanc et servez aussitôt accompagné des navets.

Astuce

Vous pouvez remplacer les navets glacés par des panais ou des topinambours.

MAGRETS DE CANARD
miel et badiane

Pour 6 personnes • Préparation : 15 min • Cuisson : 16 min

4 magrets de canard • 2 c. à soupe de miel liquide • 8 étoiles de badiane • 1 verre de porto blanc • Sel, poivre

1. Préchauffez le four à 180 °C (th. 6).

2. Saisissez les magrets rapidement à sec 3 minutes de chaque côté dans une poêle en commençant par le côté peau. Déposez-les sur un plat allant au four, ajoutez 2 étoiles de badiane par magret, le miel, salez et poivrez. Recouvrez d'un papier aluminium et enfournez à 200 °C (th. 6-7) pendant 10 minutes.

3. Déglacez la sauce de cuisson des magrets avec un verre de porto blanc et laissez réduire.

4. Servez les magrets découpés en tranches, nappés de la sauce et accompagnés de grappes de muscat poêlées.

Astuce

Vous pouvez remplacer la badiane par du cumin.

CHAPON CONFIT
au vin jaune et aux morilles

Pour 6 à 8 personnes
Préparation : 40 min
Cuisson : 3 heures

1 chapon de 4 kg vidé
1 foie gras de canard mi-cuit de 150 g
1 bouteille de vin jaune du Jura
1 blanc de dinde
130 g de beurre doux coupé en petits morceaux
3 belles cuillerées à soupe de crème fraîche
60 g de morilles sèches
1 gousse d'ail
1 oignon rouge
1 bouquet de persil
1 feuille de laurier
Baies roses
Huile de tournesol
Sel, poivre

1. Mettez les morilles à tremper dans un saladier d'eau tiède. Le lendemain, ouvrez-les en 2, lavez-les soigneusement et séchez-les.

2. Préparez la farce fine : hachez finement le persil, l'ail et l'oignon. Coupez le foie gras en petits dés. Hachez le blanc de dinde. Dans un saladier, mélangez les ingrédients en finissant par le foie gras. Ajoutez 1 verre de vin jaune, 1 cuillerée à café de sel, 1 de poivre moulu et 1 de baies roses. Mélangez.

3. Introduisez la farce dans le ventre du chapon puis fermez-le avec de la ficelle de cuisine. Percez la peau à l'aide d'une fourchette au niveau des blancs, des cuisses et des ailes et placez-le sur 2 grandes feuilles de papier aluminium croisées. Déposez le beurre sur le chapon. Arrosez d'un verre de vin et refermez le papier aluminium hermétiquement.

4. Enfournez sur une plaque à 200 °C (th. 6-7) pendant 1 heure. Baissez ensuite la température à 180 °C (th. 6) et laissez cuire encore 1 heure en arrosant de vin jaune régulièrement. Ôtez l'aluminium et continuez la cuisson 1 heure en arrosant.

5. Après cuisson, sortez la farce et découpez-la en tranches fines.

6. Faites revenir les morilles à feu moyen dans une poêle avec 1 cuillerée à soupe d'huile et 30 g de beurre pendant 15 minutes. Ajoutez la crème fraîche 2 minutes avant la fin de la cuisson. Salez et poivrez avant de servir.

CAILLE FARCIE
aux fruits secs et au cognac

Pour 6 personnes
Préparation : 20 min
Cuisson : 45 min
Repos : 1 heure

6 tranches de pain de campagne
6 cailles
2 boudins blancs
100 g de raisins secs
100 g d'abricots secs
100 g de figues sèches
100 g de cranberries
50 g de beurre
35 cl de vin blanc
5 cl de cognac
Sel, poivre

Astuce

Vous pouvez remplacer les fruits secs par des pommes et des poires coupées en gros dés.

1. Mélangez tous les fruits (coupez les plus gros en deux ou en quatre) et faites-les tremper dans de l'eau chaude avec le cognac. Laissez macérer 1 heure en remuant régulièrement. Égouttez-les et ajoutez les boudins blancs coupés en gros cubes. Salez et poivrez.

2. Préchauffez le four à 180 °C (th. 6).

3. Garnissez les cailles avec une partie de la farce et disposez le reste dans le plat autour des volailles. Salez, poivrez, disposez une noix de beurre sur chaque caille et versez le vin blanc. Enfournez pour 45 minutes en arrosant régulièrement en cours de cuisson.

4. Faites griller les tranches de pain et servez les cailles sur canapé, entourées de fruits secs.

PINTADE CHAPONNÉE
aux épices, girolles et polenta

Pour 6 personnes
Préparation : 45 min
Cuisson : 1 h 15 à 1 h 30

1 pintade vidée
800 g de girolles
250 g de farine de maïs
150 g de beurre doux
60 g de parmesan
Vin blanc sec
1 oignon
Quelques feuilles de persil plat
2 cuillerées à soupe de miel
Mélange quatre-épices
Huile de tournesol
Sel, poivre

Astuce

Vous pouvez réaliser la polenta avec de la farine de châtaignes sans parmesan.

1. Préparez la pintade : dans une grande cocotte, faites revenir la pintade sur toutes les faces avec deux cuillerées à soupe d'huile, 30 g de beurre et l'oignon haché. Ajoutez une petite cuillerée à soupe de mélange quatre-épices, le miel, un verre de vin et un verre d'eau. Salez, poivrez et laissez cuire à couvert 1 h 15 à 1 h 30. Ajoutez eau et vin si nécessaire en cours de cuisson.

2. Préparez les girolles : lavez à l'eau les girolles et séchez-les. Faites-les revenir 15 minutes à la poêle avec deux cuillerées à soupe d'huile d'olive et le persil haché grossièrement. Réservez.

3. Préparez la polenta : portez à ébullition 1 litre d'eau salée et versez la farine de maïs en pluie. Laissez cuire 25 à 30 minutes en remuant. Ajoutez 60 g de beurre et le parmesan râpé. Mélangez et étalez la préparation sur une plaque mouillée en une couche régulière. Laissez refroidir. Découpez avec un emporte-pièce des ronds, puis faites-les revenir dans 60 g de beurre mousseux pendant 10 minutes en les retournant régulièrement.

4. Découpez la pintade et servez-la accompagnée de girolles et de polenta.

GIGOT DE CHEVREUIL
au thym et pommes-en-l'air

Pour 6 personnes • Préparation : 15 min • Cuisson : 50 min

1 gigot de chevreuil de 2 kg • 8 pommes type Reine des Reinettes • 50 g de beurre doux • Calvados • Huile d'olive • 1 bouquet de thym • Gros sel, poivre

1. Préchauffez le four à 180° C (th. 6).
2. Salez et poivrez le gigot, recouvrez-le entièrement de thym, arrosez-le avec 4 cuillerées à soupe d'huile d'olive et un petit verre de Calvados.
3. Enfournez-le à 200 °C (th. 6-7) pendant 50 minutes pour une cuisson rosée.
4. Coupez les pommes en gros dés. Faites-les sauter avec le beurre et du thym émietté à feu moyen pendant environ 10 minutes afin d'obtenir une compotée.

Astuce

Ce gigot peut s'accompagner de toutes sortes de fruits comme des airelles, des poires ou même des pêches.

CARRÉ DE SANGLIER
au romarin

Pour 6 personnes • Préparation : 10 min • Cuisson : 1 h 30

1 carré de sanglier de 1,2 kg prédécoupé • 15 branches de romarin • 5 gousses d'ail • Huile d'olive • Sel, poivre

1. Préchauffez le four à 180° C (th. 6).
2. Tapissez un grand plat allant au four de branches de romarin. Ajoutez les gousses d'ail en chemise et le carré. Salez, poivrez et huilez généreusement. Ajoutez le reste du romarin.
3. Enfournez à 200 °C (th. 6-7) pendant 1 heure 30.
4. Servez accompagné de haricots coco persillés.

Astuce

Ce plat aux saveurs du maquis Corse est aussi délicieux accompagné d'une purée de châtaignes.

CHAPON FARCI
aux cèpes et aux truffes

Pour 6 personnes
Préparation : 30 min
Cuisson : 4 heures

1 petit chapon de 3,5 kg vidé et préparé
300 g de blanc de dinde
300 g de cèpes en bocal
150 g de foie gras de canard mi-cuit
120 g de beurre
1 bouquet de persil plat
1 gousse d'ail
1 petit oignon rouge
Quelques tranches de truffe
Huile d'olive
Sel, poivre

Astuce

À défaut de cèpes, utilisez des chanterelles très parfumées ou des trompettes-de-la-mort.

1. Préparez la farce fine : lavez et séchez le persil. Épluchez l'ail et l'oignon. Hachez le tout très finement. Coupez le foie gras de canard en petits dés. Hachez le blanc de dinde. Égouttez les cèpes et faites-les revenir dans une poêle avec un filet d'huile d'olive. Coupez-les en petits morceaux. Salez et poivrez. Mélangez tous les ingrédients dans un saladier en finissant par le foie gras et les cèpes. Ajoutez 1 cuillerée à café de sel, 1 de poivre moulu et les tranches de truffe. Mélangez.

2. Introduisez la farce dans le ventre du chapon, puis refermez-le à l'aide de ficelle de cuisine et d'une grosse aiguille à tapisser. Disposez-le sur deux feuilles de papier d'aluminium croisées et recouvrez-le de petits morceaux de beurre. Repliez le papier d'aluminium hermétiquement et enfournez la volaille sur une plaque à four froid à 200 °C (th. 6-7) pour 1 heure.

3. Baissez la température à 180 °C (th. 6) et laissez cuire 2 heures. Ôtez le papier d'aluminium en préservant le jus et poursuivez la cuisson 1 heure. Le chapon doit dorer sans se dessécher.

4. Découpez la volaille. Sortez la farce et servez-la en accompagnement.

MAGRETS DE CANARD,
sauce marchand de vin

Pour 6 personnes
Préparation : 25 min
Cuisson : 20 min

3 magrets de canard
300 g de cranberries séchées
10 g de beurre
20 cl de vin rouge
5 cl de cognac
1 cuillerée à soupe de fond de veau déshydraté
Huile d'olive
Brins de romarin
Sel, poivre

Astuce

Incorporez des baies roses à la sauce si vous souhaitez la corser.

1. Dégraissez les magrets. Portez 10 cl d'eau à ébullition dans une petite casserole et délayez le fond de veau. Préchauffez le four à 200 °C (th. 6-7).

2. Faites chauffer un filet d'huile d'olive et le beurre dans une sauteuse et faites revenir les magrets 5 minutes de chaque côté. Flambez-les au cognac, salez et poivrez. Enfournez les magrets pour 10 minutes pour terminer la cuisson.

3. Versez les cranberries et le vin rouge dans la poêle des magrets. Laissez réduire le vin de moitié et ajoutez le fond de veau. Poursuivez la cuisson pour faire épaissir la sauce.

4. Tranchez les magrets en aiguillettes à la sortie du four et disposez-les dans les assiettes. Parsemez de romarin effeuillé et nappez de sauce avant de servir.

SUPRÊMES DE DINDE
aux épices, purée de potimarron

Pour 6 personnes
Préparation : 25 min
Cuisson : 40 min

2 blancs de dinde
1 potimarron
1 oignon
90 g de beurre
30 cl de crème fraîche liquide entière
15 cl de chablis
1 bouquet garni
1 cuillerée à café de quatre-épices
Huile d'olive
Sel, poivre

Astuce

Ajoutez un second accompagnement, des champignons à la crème, par exemple.

1. Lavez le potimarron et taillez-le en tranches. Supprimez les pépins et coupez-le en gros morceaux (inutile de l'éplucher).

2. Pelez et émincez l'oignon. Faites revenir l'oignon avec une noix de beurre dans un faitout, ajoutez les morceaux de potimarron et versez de l'eau à niveau. Salez, poivrez et faites cuire 40 minutes à feu doux.

3. Mixez le potimarron ou passez-le au moulin à purée et incorporez le beurre restant. Réservez au chaud.

4. Saisissez les blancs de dinde à feu moyen dans une sauteuse avec un filet d'huile d'olive, sans les laisser trop colorer. Versez le vin blanc, le bouquet garni, salez et poivrez. Poursuivez la cuisson 35 minutes à feu doux et à couvert.

5. Sortez les blancs de volaille de la sauteuse, laissez réduire le vin blanc et ajoutez la crème et le quatre-épices. Laissez réduire à nouveau.

6. Taillez les blancs de dinde en tranches fines et nappez-les de sauce à la crème. Servez avec la purée de potimarron dressée à la poche à douille.

SOURIS D'AGNEAU
au miel et aux fruits

Pour 6 personnes • Préparation : 15 min • Cuisson : 5 heures

1 gigot d'agneau de 3 kg ou 3 souris de 1 kg • 1 kg de figues fraîches ou sèches • 4 poires • 150 g de miel • 37,5 cl de vin blanc sec • 1 noisette de beurre • 1 bâton de cannelle • Huile d'olive • Sel, poivre

1. Préchauffez le four à 150 °C (th. 5).

2. Disposez la viande dans un plat avec le beurre et un filet d'huile d'olive. Ajoutez le miel, le vin blanc, un grand verre d'eau et le bâton de cannelle. Salez et poivrez.

3. Enfournez pour 1 heure en arrosant la viande tous les quarts d'heure. Lorsque l'agneau est doré, recouvrez-le d'une feuille de papier sulfurisé et poursuivez la cuisson 4 heures en l'arrosant tous les quarts d'heure.

4. Pelez et épépinez les poires. Ajoutez les figues et les poires coupées en quatre dans le plat 30 minutes avant la fin de la cuisson.

Astuce

Arrosez l'agneau avec du cidre en cours de cuisson. Sa saveur s'accorde très bien à celles du miel et des fruits.

RÔTI DE VEAU
aux abricots secs et au champagne

Pour 6 personnes • Préparation : 15 min • Cuisson : 40 à 50 min

1 rôti de veau de 1,2 kg • 300 g d'abricots secs • 2 gousses d'ail • 30 g de beurre • 50 cl de champagne • 5 cl de cognac • 1 c. à soupe de fond de veau déshydraté • Huile d'olive • 2 branches de thym et de romarin • Sel, poivre

1. Ouvrez le rôti de veau en deux. Salez et poivrez l'intérieur et disposez les abricots secs au centre. Refermez-le et ficelez-le.

2. Faites chauffer un filet d'huile d'olive avec le beurre dans une sauteuse et faites dorer le rôti sur toutes les faces.

3. Flambez au cognac et versez le champagne. Salez, poivrez et ajoutez les gousses d'ail, le romarin et le thym. Laissez cuire 40 à 50 minutes à feu moyen et à couvert en retournant le rôti régulièrement.

4. Retirez la viande de la sauteuse et ajoutez le fond de veau. Fouettez la sauce et rectifiez l'assaisonnement avant de servir.

Astuce

Remplacez les abricots secs par des figues ou des pruneaux.

TOURNEDOS DE BICHE
aux poires caramélisées

Pour 6 personnes
Préparation : 15 min
Cuisson : 45 min

6 tournedos de biche
ou de chevreuil
6 poires conférence
280 g de sucre semoule
70 g de beurre
50 g de gingembre frais
1 cuillerée à café
de porto rouge
Sel, poivre

Astuce

Variez les saveurs en remplaçant les poires par du raisin italien, des figues ou des pommes.

1. Épluchez le gingembre et coupez-le en rondelles. Faites fondre 200 g de sucre avec 25 cl d'eau dans une casserole, ajoutez le gingembre et laissez cuire 45 minutes à feu doux. Égouttez-le. Réservez.

2. Pelez les poires, coupez-les en deux et épépinez-les. Faites les revenir pendant 5 minutes dans une poêle avec 20 g de beurre et 80 g de sucre en les retournant pour les caraméliser.

3. Faites fondre 50 g de beurre dans une poêle antiadhésive. Lorsque le beurre mousse, saisissez les tournedos à feu vif 3 à 4 minutes de chaque côté pour une cuisson saignante. Versez le porto. Salez, poivrez et incorporez le gingembre confit en fin de cuisson.

4. Dressez les tournedos sur les assiettes avec les poires et arrosez de jus de cuisson avant de servir.

SUPRÊMES DE DINDE
aux figues et à la citronnelle

Pour 6 personnes
Préparation : 15 min
Cuisson : 30 min

2 blancs de dinde
de 600 g pièce
300 g de cranberries
300 g de figues sèches
ou fraîches
2 tiges de citronnelle
1 bouquet de ciboulette
1 gousse d'ail
20 cl de crème liquide entière
1 cube de bouillon
de poule
Sel, poivre

Astuce

Si vous utilisez des figues fraîches, faites-les rôtir 10 minutes au four avant de les servir.

1. Pelez l'ail. Lavez, séchez et hachez la ciboulette.

2. Portez 1 litre d'eau à ébullition dans une sauteuse, ajoutez le cube de bouillon de poule, la gousse d'ail et les tiges de citronnelle fendues en deux. Salez et poivrez généreusement.

3. Faites cuire les blancs de dinde dans le bouillon pendant 30 minutes en les retournant régulièrement. Sortez les blancs de la sauteuse et réservez-les au chaud et à couvert. Faites réduire le jus à feu vif pour n'en conserver que 5 cl. Versez la crème, les cranberries et les figues. Salez et poivrez. Laissez les fruits réchauffer.

4. Tranchez les blancs de dinde et répartissez-les sur les assiettes avec les fruits et la sauce. Parsemez de ciboulette avant de servir.

DINDE CONFITE
aux échalotes et au sauternes

Pour 6 à 8 personnes • Préparation : 10 min • Cuisson : 6 h

1 dinde de 4 à 5 kg • 500 g d'échalotes • 30 g de beurre • 1 bouteille de sauternes • 4 branches de thym • 4 c. à soupe de miel • Huile d'olive • Sel, poivre

1. Épluchez les échalotes et glissez-les dans la dinde avec le miel, le thym, du sel et du poivre. Arrosez-la d'huile d'olive et déposez le beurre sur le dessus. Versez le sauternes autour de la volaille.

2. Recouvrez le plat de papier d'aluminium et enfournez-le à four froid à 200 °C (th. 6-7) pour 2 heures. Ôtez le papier d'aluminium et poursuivez la cuisson pendant 4 heures à 120 °C (th. 4), en arrosant régulièrement la dinde avec le jus de cuisson. La cuisson à basse température assure une viande tendre et confite. Veillez à ce que la dinde ne dore pas trop en fin de cuisson. Couvrez si nécessaire.

Astuce

Dégustez avec une purée de potimarron et des petits navets glacés.

COULIBIAC DE SAUMON
aux épinards

Pour 6 personnes • Préparation : 15 min • Cuisson : 35 min

1,4 kg d'épinards • 1,2 kg de saumon (une queue sans peau) • 400 g de pâte feuilletée • 100 g de beurre doux • 1 jaune d'œuf • Graines de fenouil • Sel, poivre

1. Préchauffez le four à 180 °C (th. 6).
2. Faites revenir les épinards dans 100 g de beurre pendant 10 minutes. Salez et poivre.
3. Étalez la pâte et posez le saumon dessus. Recouvrez avec les épinards. Refermez la pâte et dorez au jaune d'œuf. Enfournez à 180 °C (th. 6) pendant 25 minutes.
4. Décorez avec des graines de fenouil et servez avec un beurre blanc.

Astuce

Pour une dorure pâtissière, dorez au jaune d'œuf, laissez reposer 10 minutes puis remettez une couche de jaune d'œuf.

ÉMINCÉ DE POULARDE,
duxelles de girolles

Pour 6 personnes
Préparation : 15 min
Cuisson : 35 min

6 blancs de poulet de Bresse
1 kg de girolles fraîches
50 g de beurre
40 cl de crème fraîche liquide entière
20 cl de chablis
1 petit bouquet de persil
1 gousse d'ail
1 bouquet garni
Huile d'olive
Sel, poivre

Astuce

Accompagnez ce plat d'un bourgogne aligoté.

1. Nettoyez les girolles, coupez les pieds et supprimez les parties abîmées. Passez-les rapidement sous l'eau et égouttez-les bien. Détaillez-les en tout petits morceaux pour réaliser une duxelles. Pelez et hachez l'ail. Lavez, séchez et hachez le persil.

2. Faites fondre le beurre dans une casserole et ajoutez la duxelles, salez et poivrez. Laissez cuire 10 à 15 minutes à feu moyen avec l'ail et le persil.

3. Saisissez les blancs de volaille à feu moyen dans une sauteuse avec un filet d'huile d'olive sans les laisser trop colorer. Versez le vin blanc, le bouquet garni, salez et poivrez. Poursuivez la cuisson 35 minutes à feu doux et à couvert.

4. Sortez les blancs de volaille de la sauteuse, laissez réduire le vin blanc et ajoutez la crème. Laissez réduire à nouveau.

5. Taillez les blancs en tranches fines et nappez-les de sauce à la crème. Servez avec la duxelles de girolles.

FRICASSÉE DE DINDE
aux cèpes et écrevisses

Pour 6 personnes
Préparation : 20 min
Cuisson : 20 min

800 g de filet de dinde
300 g de cèpes au naturel
200 g d'écrevisses décortiquées
2 gousses d'ail
1 petite botte de persil plat
30 g de beurre
40 cl de crème liquide entière
1 verre de vin blanc sec
Huile d'olive
Sel, poivre

Astuce

Servez la fricassée dans des cocottes individuelles ou dans des feuilletés.

1. Coupez le filet de dinde en gros cubes.

2. Égouttez les cèpes et faites-les revenir sans matière grasse dans une poêle antiadhésive jusqu'à évaporation de l'eau de végétation. Salez et poivrez.

3. Pelez et émincez l'ail. Lavez, séchez et hachez le persil.

4. Faites chauffer l'huile d'olive avec le beurre dans une sauteuse et saisissez la viande de tous les côtés. Ajoutez l'ail, salez et poivrez. Versez le vin blanc et faites cuire 5 minutes à couvert. Ajoutez les cèpes, les écrevisses, la crème et le persil haché. Laissez mijoter à feu doux pour faire réduire la crème.

5. Rectifiez l'assaisonnement et servez bien chaud avec du riz blanc ou des pâtes fraîches.

RAVIOLES DE CÈPES,
sauce au foie gras

Pour 6 personnes
Préparation : 30 min
Cuisson : 5 min

300 g de pâte à pâtes fraîches ou de petits carrés de pâte à raviolis chinois
300 g de cèpes au naturel ou frais
200 g de foie gras de canard nature
30 g de beurre
20 cl de crème liquide entière
1 cube de bouillon de poulet
Quelques copeaux de truffe
Quelques brins de persil plat
Farine
Sel, poivre

Astuce

Incorporez du piment d'Espelette à la farce pour apporter une touche épicée aux ravioles.

1. Lavez, séchez et hachez le persil. Nettoyez (ou égouttez) les cèpes et taillez-les en brunoise. Faites-les revenir dans une sauteuse avec le beurre jusqu'à évaporation complète de l'eau de végétation. Salez, poivrez et ajoutez le persil haché.

2. Étalez la pâte en couche fine et formez deux rectangles. Disposez 1 cuillerée à soupe de farce aux champignons sur un rectangle de pâte et recouvrez-le avec le second. Découpez les ravioles avec un emporte-pièce et farinez-les rapidement. Réservez-les dans un endroit frais entre deux torchons.

3. Faites fondre le bouillon cube dans une casserole d'eau chaude et faites cuire les ravioles pendant 4 minutes environ (en fonction de leur épaisseur).

4. Pendant ce temps, faites fondre le foie gras à feu doux dans une poêle. Ajoutez la crème liquide et laissez réduire à feu doux pendant 5 minutes. Incorporez les copeaux de truffe.

5. Égouttez les ravioles et répartissez-les dans les assiettes. Versez la sauce au foie gras. Salez, poivrez et servez bien chaud.

RÔTI DE CABILLAUD
au pesto de tomates confites

Pour 6 personnes
Préparation : 20 min
Cuisson : 20 min

1,2 kg de dos de cabillaud
6 grandes tranches fines de lard
1,2 kg de pommes de terre nouvelles
200 g de tomates confites
50 g de beurre
4 branches de persil plat ou frisé
1 gousse d'ail
Piment d'Espelette
Huile d'olive
Sel, poivre

Astuce

Variez les plaisirs : préparez un pesto avec des pignons de pin et de la roquette fraîche.

1. Hachez les tomates confites avec 4 cuillerées à soupe d'huile d'olive, l'ail et le persil pour préparer le pesto. Salez et poivrez.

2. Préchauffez le four à 200 °C (th. 6-7).

3. Disposez les dos de cabillaud sur le plan de travail et tapissez-en un de pesto. Posez un second morceau de poisson par-dessus et formez un rôti. Salez, poivrez et saupoudrez de piment d'Espelette. Enroulez-le dans les tranches de lard et ficelez-le avec de la ficelle de cuisine.

4. Déposez le rôti dans un plat à gratin et enfournez-le pour 20 minutes.

5. Pendant ce temps, épluchez les pommes de terre et coupez-les en morceaux. Faites-les dorer 20 minutes dans une poêle avec un filet d'huile d'olive et le beurre. Salez et poivrez.

6. Servez le rôti de cabillaud avec le pesto tiède et les pommes de terre sautées.

DOS DE CABILLAUD
en sauce vierge

Pour 6 personnes • Préparation : 15 min • Cuisson : 12 min

6 morceaux de dos de cabillaud • 2 belles tomates • 2 c. à soupe de crème balsamique • 6 brins de coriandre • Huile d'olive extra-vierge • Fleur de sel, poivre du moulin

1. Préparez la sauce : Coupez les tomates en petits dés et hachez grossièrement la coriandre. Dans un petit saladier, versez 6 cuillerées à soupe d'huile d'olive. Salez, poivrez, ajoutez les dés de tomate et la coriandre. Mélangez.

2. Faites cuire le cabillaud au four à 180 °C (th. 6) pendant 12 minutes.

3. Servez avec des pommes de terre sautées coupées en tranches fines, nappez de sauce vierge et ajoutez un filet de crème balsamique.

Astuce

Vous pouvez cuire le poisson au four en papillotes ou à la vapeur.

SAINT-PIERRE
aux épices de Noël

Pour 6 personnes • Préparation : 10 min • Cuisson : 5 min

6 petits saint-pierre en filets • 1 litre de court-bouillon • Mélange quatre-épices • 2 étoiles de badiane (anis étoilé) • Gingembre frais • Huile de truffe • Sel, poivre

1. Ajoutez au court-bouillon deux cuillerées à café de mélange quatre-épices, 2 étoiles de badiane et une tranche de gingembre. Portez à ébullition et pochez les filets de saint-pierre 5 minutes. Égouttez-les sur un linge propre.

2. Au moment de servir arrosez d'un filet d'huile de truffe. Accompagnez les saint-pierre d'une purée de céleri.

Astuce

Vous pouvez aussi servir ce plat avec du riz sauvage ou du riz noir.

SAINT-JACQUES AUX TRUFFES
sur écrasé de pommes de terre

Pour 6 personnes
Préparation : 15 min
Cuisson : 20 min

20 belles coquilles Saint-Jacques entières
800 g de pommes de terre type Charlotte
30 g de beurre doux
1 truffe
4 cuillerées à soupe d'huile de truffe
2 cuillerées à soupe d'huile de colza
Fleur de sel, poivre du moulin

Astuce

Vous pouvez également ajouter des brisures de truffes à votre écrasé de pommes de terre pour en relever le goût.

1. Préparez l'écrasé : Épluchez les pommes de terre, coupez-les en morceaux et faites-les cuire 20 minutes à l'eau bouillante salée. Égouttez-les et écrasez-les grossièrement à la fourchette ou à l'écrase-purée en ajoutant un verre d'eau de cuisson et l'huile de truffe. Salez et poivrez. Réservez au chaud.

2. Poêlez les coquilles Saint-Jacques 2 minutes sur chaque face dans une poêle antiadhésive avec l'huile de colza et le beurre.

3. Sur des assiettes individuelles, dressez l'écrasé de pommes de terre à l'aide d'un emporte-pièce rond ou carré. Disposez les coquilles sur l'écrasé, râpez des lamelles de truffe et saupoudrez de fleur de sel et de deux tours de moulin à poivre.

BROCHETTES DE SAINT-JACQUES
et langoustines au cognac

Pour 8 brochettes
Préparation : 20 min
Cuisson : 20 min

16 grosses langoustines
16 noix de Saint-Jacques
300 g de riz blanc
25 cl de crème liquide
1 petite botte de persil plat
1 gousse d'ail
1 belle noix de beurre
5 cl de cognac
2 feuilles de laurier
Sel, poivre

Astuce

Intercalez des rondelles de carotte ou de panais sur les brochettes. Servez avec un chablis bien frais.

1. Plongez les langoustines 3 minutes dans de l'eau bouillante salée avec les feuilles de laurier. Passez-les sous l'eau froide afin de stopper la cuisson et décortiquez-les.

2. Faites cuire le riz dans un grand volume d'eau bouillante salée pendant 20 minutes.

3. Pelez et hachez l'ail. Lavez, séchez et hachez le persil.

4. Préparez les brochettes : Disposez 2 noix de Saint-Jacques et 2 langoustines sur chaque pic. Saupoudrez-les d'ail et de persil hachés, puis faites-les cuire 3 minutes de chaque côté dans une grande poêle avec le beurre. Flambez au cognac. Salez, poivrez et versez la crème liquide. Laissez réduire 3 minutes.

5. Nappez les brochettes de crème et servez avec le riz.

HOMARD EN COCOTTE
terre et mer

Pour 6 personnes
Préparation : 20 min
Cuisson : 30 min

3 gros homards crus
250 g de lardons fumés
250 g de tomates confites
20 cl de vin blanc
1 oignon
1 gousse d'ail
5 cl de cognac
2 cuillerées à soupe d'huile d'olive
Sel, poivre

Astuce

Accompagnez ce plat de riz blanc ou d'un risotto aux cèpes ou aux morilles.

1. Fendez les queues des homards en deux avec un grand couteau et détachez les pinces. Pelez et hachez l'oignon et l'ail.

2. Faites chauffer l'huile d'olive dans une cocotte, versez les morceaux de homard, l'oignon et l'ail et laissez cuire à couvert pendant 10 minutes. Ajoutez les lardons et les tomates confites et faites cuire 5 minutes. Salez modérément et poivrez.

3. Versez le cognac et flambez. Versez le vin blanc et poursuivez la cuisson 5 à 10 minutes à feu doux pour faire réduire la sauce. Servez bien chaud.

BAR SUR LIT DE POLENTA
et tapenade de pomme-olive

Pour 6 personnes
Préparation : 30 min
Cuisson : 15 min

6 filets de bar
300 g de polenta
200 g d'olives noires
2 pommes vertes
Granny Smith
Beurre
Persil plat

Astuce

Vous pouvez servir ce bar nature avec des fagots de haricots verts enroulé dans du chorizo légèrement grillé.

1. Préparez la polenta : Faites bouillir de l'eau (référez-vous aux instructions de cuisson sur le paquet) et plongez la polenta dans l'eau bouillante. Salez et poivrez, remuez jusqu'à ce que la semoule gonfle et étalez dans un plat pour y découper des formes avec des emporte-pièces. Vous pouvez aussi couler la polenta dans des formes rectangulaires directement. Conservez la polenta au chaud dans un four à 50 °C (th. 1) en les beurrant à la surface.

2. Épluchez les pommes et coupez-les en petits dés que vous faites revenir 10 minutes dans une casserole avec une noix de beurre. Lorsque les pommes sont translucides, ajoutez les olives noires hachées grossièrement et laissez cuire encore 5 minutes.

3. Faites cuire les filets de bar dans une poêle avec un filet d'huile d'olive pendant 5 minutes de chaque côté, salez, poivrez et ajoutez du persil haché.

4. Servez le bar sur un lit de polenta et accompagné de la tapenade pomme-olive. Servez bien chaud.

CURRY DE LANGOUSTE
aux fruits exotiques

Pour 6 personnes
Préparation : 20 min
Cuisson : 35 min

6 queues de langouste
½ ananas
2 mangues
2 tomates épépinées
200 g de tomates confites à l'huile d'olive
40 cl de lait de coco
2 gousses d'ail
1 oignon
3 cuillerées à soupe de pâte de curry rouge
1 cuillerée à soupe de gingembre frais râpé
1 botte de coriandre
Huile d'olive
Sel et poivre

Astuce

Vous pouvez servir ce plat dans des cocottes individuelles, accompagné de riz basmati.

1. Coupez les queues de langouste en deux. Pelez et hachez l'ail et l'oignon. Épluchez l'ananas et taillez-le en petits dés. Lavez, séchez et hachez la coriandre. Épluchez les mangues et coupez-les en petits morceaux.

2. Faites revenir l'oignon et l'ail dans une grande cocotte avec un filet d'huile d'olive. Ajoutez les queues de langouste et laissez-les cuire pendant 5 minutes à couvert. Versez la pâte de curry et poursuivez la cuisson 5 minutes. Ajoutez les tomates épépinées et les tomates confites. Salez, poivrez et versez le lait de coco. Laissez cuire 20 minutes à feu doux.

3. Incorporez les dés d'ananas, la coriandre et le gingembre en fin de cuisson. Ajoutez les morceaux de mangue juste avant de servir. Servez bien chaud.

TOURTE DE TURBOT
aux petits légumes thaïs

Pour 6 personnes
Préparation : 25 min
Cuisson : 40 à 45 min

400 g de filets de turbot
300 g de carottes
200 g de courgettes
200 g de fenouil
2 pâtes feuilletées
1 gousse d'ail
1 botte de coriandre
2 tiges de citronnelle
1 jaune d'œuf
1 cuillerée à soupe d'huile d'olive
2 cuillerées à café de gingembre frais haché
Sel, poivre

Astuce

Si vous réalisez des tourtes individuelles, réduisez la cuisson de 5 à 10 minutes.

1. Coupez le poisson en gros cubes. Épluchez les légumes et taillez-les en petits dés. Hachez la citronnelle et la coriandre.

2. Faites cuire les carottes 10 minutes dans de l'eau bouillante salée. Faites revenir les dés de courgette et de fenouil dans une sauteuse avec l'huile d'olive. Salez, poivrez et ajoutez l'ail et les carottes égouttées. Incorporez la citronnelle, le gingembre et la coriandre. Versez les cubes de poisson et mélangez.

3. Préchauffez le four à 180 °C (th. 6).

4. Tapissez un moule à tarte ou à tourte de pâte feuilletée. Ajoutez la farce (un peu refroidie) et posez la seconde pâte feuilletée par-dessus. Soudez les deux pâtes avec un peu de jaune d'œuf battu. Badigeonnez la tourte avec le jaune d'œuf restant, faites un trou au centre et enfournez pour 30 à 35 minutes.

ENROULÉ DE SOLE
et sa bisque de homard

Pour 6 personnes
Préparation : 35 min
Cuisson : 50 min

12 filets de sole portion
½ homard ou 400 g de langoustine
4 tomates pelées
1/2 verre de cognac
1 verre de vin blanc
1 oignon
1 gousse d'ail
1 cuillerée à soupe de concentré de tomate
Huile d'olive
Sel, poivre

Astuce

Vous pouvez aussi tresser les filets de sole et les napper de bisque avant de servir.

1. Découpez le homard en petits morceaux avec sa carapace. Faites-le revenir dans un faitout avec un filet d'huile d'olive, ajoutez la gousse d'ail épluchée ainsi que le petit oignon émincé. Laissez cuire pendant 5 minutes puis ajoutez les tomates pelées et épépinées, le concentré de tomate, flambez au cognac et ajoutez ensuite le verre de vin blanc et un verre d'eau.

2. Laissez mijoter en remuant régulièrement pendant 45 minutes, puis mixez au robot plongeant et passez au chinois. La bisque doit être onctueuse.

3. Enroulez les filets de sole sur eux-mêmes et maintenez-les en forme avec une pique en bois. Placez-les dans un plat allant au four avec un filet de vin blanc et un filet d'huile d'olive, salez, poivrez et enfournez à 180 °C (th. 6) pendant 15 minutes.

4. À la sortie du four, servez les filets avec la bisque et accompagnez de légumes verts, comme une petite courgette ronde farcie de dés de courgette flambés au pastis. Servez bien chaud.

DESSERTS

GALETTE
des rois

Pour 6 personnes
Préparation : 25 min
Cuisson : 35 min

2 rouleaux de pâte feuilletée
200 g de poudre d'amande
100 g de sucre semoule
75 g de beurre demi-sel ramolli
2 œufs + 1 jaune pour la dorure
1 fève

1. Préchauffez le four à 180 °C (th. 6).

2. Dans un saladier, mélangez le beurre coupé en morceaux, le sucre et la poudre d'amande pour obtenir une préparation lisse. Ajoutez les œufs un à un.

3. Déroulez 1 pâte feuilletée sur une plaque à pâtisserie garnie de papier sulfurisé. Piquez la pâte avec une fourchette. Recouvrez de frangipane en laissant un bord de 2 cm et disposez la fève. Humectez d'eau le bord de la pâte puis recouvrez avec la seconde pâte feuilletée. Soudez les bords des deux pâtes ensemble par une légère pression.

4. Badigeonnez la galette de jaune d'œuf délayé avec 1 cuillerée à soupe d'eau. À l'aide d'un couteau, faites un quadrillage sur le dessus de la galette sans trop appuyer. Enfournez et laissez cuire 35 minutes environ.

CRÊPES
de la Chandeleur

Pour une vingtaine de crêpes • Préparation : 20 min • Repos : 1 heure • Cuisson : 4 min par crêpe

250 g de farine • 25 cl de lait • 25 cl de bière • 2 œufs • 1 c. à soupe d'huile • 1 c. à soupe de Grand Marnier® (facultatif) • 1 pincée de sel • Beurre pour la cuisson • Sucre semoule

1. Dans un saladier, faites un puits avec la farine. Ajoutez les œufs, l'huile, le sel et un peu de lait. Travaillez bien la pâte au fouet.

2. Mouillez petit à petit avec le reste de lait puis la bière et mélangez jusqu'à ce que la pâte fasse un ruban. Versez le Grand Marnier®. Laissez reposer 1 heure.

3. Faites fondre 1 noisette de beurre dans une poêle. Versez une petite louche de pâte et faites cuire 2 minutes de chaque côté.

4. Saupoudrez de sucre et servez.

ANGEL CAKE
aux pralines roses

Pour 6 personnes • Préparation : 20 min • Cuisson : 30 min

150 g de sucre semoule • 100 g de pralines roses • 60 g de farine • 6 blancs d'œufs • 3 c. à soupe de jus de citron (2 cl) • Sucre glace • 1 pincée de sel

1. Préchauffez le four à 180 °C (th. 6).
2. Battez les blancs en neige ferme avec 1 pincée de sel et le jus de citron. Ajoutez le sucre et continuez de battre pendant 1 minute. Incorporez la farine tamisée à l'aide d'une spatule.
3. Chemisez un moule à angel cake (ou à savarin) de papier sulfurisé. Versez la préparation et enfournez pour 25 à 30 minutes. Laissez refroidir.
4. Démoulez le gâteau et répartissez les pralines sur le dessus. Saupoudrez de sucre glace avant de servir.

Astuce

Ce gâteau très léger peut servir de base à d'autres garnitures.

CHOCOLATS
pralinés

Pour 20 chocolats
Préparation : 20 min
Cuisson : 5 à 10 min
Réfrigération : 1 h 15

200 g de chocolat au lait à pâtisser
150 g de chocolat noir de couverture
20 cl de crème fraîche liquide entière
50 g de pâte pralinée

Astuce

Décorez les chocolats avec un morceau de feuille d'or.

1. Préparez la ganache : Faites tiédir la crème dans une casserole, puis ajoutez le chocolat au lait coupé en morceaux et la pâte pralinée. Faites-le fondre en mélangeant. Laissez la ganache pralinée refroidir sans qu'elle prenne totalement.

2. Faites fondre le chocolat de couverture au bain-marie en veillant à ce qu'aucune goutte d'eau ne tombe dans le chocolat. Lorsque le chocolat est bien fluide, coulez-le dans des moules en plastique ou en silicone en tapissant les côtés. Reversez l'excédent de chocolat dans la casserole. Raclez le dessus des moules à la spatule métallique. Laissez prendre 15 minutes au frais.

3. Garnissez les chocolats de ganache pralinée aux trois-quarts avec une petite poche à douille.

4. Recouvrez de chocolat de couverture avec une spatule métallique, puis raclez l'excédent pour former la coque. Laissez prendre 1 heure au frais.

5. Démoulez les chocolats. Conservez-les au frais.

BÛCHE
au chocolat amer et thé matcha

Pour 6 personnes
Préparation : 40 min
Cuisson : 15 min
Repos : 1 heure
Réfrigération : 3 heures

La génoise :
4 œufs
125 g de sucre semoule
65 g de fécule de maïs
1 pincée de sel

La garniture :
3 jaunes d'œufs
25 cl de lait
20 cl de crème liquide entière
50 g de sucre semoule
10 g de Maïzena
3 feuilles de gélatine
3 sachets de sucre vanillé
2 cuillerées à soupe de thé matcha

Le décor :
3 meringues
2 cuillerées à soupe de cacao amer

1. Séparez les jaunes d'œufs des blancs. Fouettez les jaunes avec le sucre jusqu'à ce que le mélange mousse. Ajoutez la fécule de maïs. Montez les blancs en neige fermes avec 1 pincée de sel, puis incorporez-les à la préparation en soulevant le mélange. Préchauffez le four à 150 °C (th. 5). Étalez la génoise en une couche de 1 cm d'épaisseur sur une plaque de cuisson recouverte de papier sulfurisé. Enfournez 10 minutes. Laissez refroidir.

2. Préparez la garniture : faites tremper la gélatine dans un bol d'eau froide. Fouettez les jaunes d'œufs avec le sucre semoule et la fécule de maïs jusqu'à ce que le mélange blanchisse. Faites chauffer le lait et incorporez-le au mélange œufs et sucre, puis ajoutez la gélatine essorée et le thé matcha. Mélangez et laissez refroidir 1 heure. Montez la crème en chantilly avec le sucre vanillé et incorporez-la à la préparation.

3. Disposez la génoise dans le moule gouttière à bûche sur une feuille de papier sulfurisé. Comblez les côtés de la gouttière avec des chutes de génoise. Coulez la préparation par-dessus. Réservez 3 heures au frais.

4. Démoulez la bûche. Saupoudrez-la de cacao amer et décorez-la avec les meringues. Servez bien frais.

BÛCHE
à la mangue et au chocolat blanc

Pour 6 personnes
Préparation : 40 min
Cuisson : 15 min
Réfrigération : 3 heures

La génoise :
4 œufs
125 g de sucre semoule
65 g de fécule de maïs
1 pincée de sel

La garniture :
1 mangue
3 jaunes d'œufs
25 cl de lait
20 cl de crème liquide entière
50 g de sucre semoule
10 g de fécule de maïs
3 feuilles de gélatine
3 sachets de sucre vanillé

Le décor :
200 g de chocolat blanc
100 g de groseilles
10 cl de crème liquide

1. Préparez la génoise : voir page 148.

2. Préparez la garniture : pelez la mangue et coupez- la en 2. Détaillez-en une moitié en dés et l'autre en tranches. Faites tremper la gélatine dans un bol d'eau froide. Fouettez les jaunes d'œufs avec le sucre et la fécule de maïs jusqu'à ce que le mélange blanchisse. Faites chauffer le lait et incorporez-le au mélange œufs et sucre. Ajoutez la gélatine essorée. Mélangez et laissez refroidir. Montez la crème en chantilly avec le sucre vanillé et incorporez-la à la préparation. Ajoutez les dés de mangue.

3. Disposez la génoise dans le moule gouttière à bûche sur une feuille de papier sulfurisé. Ôtez les excédents. Coulez la préparation à la mangue par-dessus. Réservez 3 heures au frais. Démoulez la bûche.

4. Faites fondre le chocolat blanc avec la crème liquide. Versez-le sur la bûche et laissez refroidir. Décorez de tranches de mangue et de grappes de groseille. Servez bien frais.

PAIN D'ÉPICE
à la cardamome et aux pistaches

Pour 6 personnes
Préparation : 15 min
Cuisson : 50 min

1 œuf
300 g de miel corsé
250 g de farine complète
100 g de pistaches
50 g de poudre d'amande
20 g de beurre
(pour le moule)
10 cl de lait
2 cuillerées à soupe
de cardamome en poudre
1 cuillerée à soupe d'épices
à pain d'épices
1 sachet de levure
chimique
1 cuillerée à café
de safran + 4 pistils
1 bâtonnet de cannelle
et 1 tranche d'orange
confite pour le décor

1. Faites chauffer le lait avec le miel à feu doux. Retirez la préparation du feu aux premiers bouillons.

2. Préchauffez le four à 170 °C (th. 5-6).

3. Mélangez la farine et la levure dans un saladier. Ajoutez la poudre d'amande, les épices à pain d'épices, la cardamome, la poudre et les pistils de safran. Mélangez et creusez un puits. Versez le mélange de lait et de miel peu à peu, sans cesser de remuer. Incorporez l'œuf et les pistaches concassées (réservez-en quelques-unes pour le décor).

4. Versez la pâte dans un moule à cake beurré et enfournez pour 50 minutes.

5. Démoulez le pain d'épices et décorez-le avec un bâtonnet de cannelle, les pistaches réservées et une tranche d'orange confite.

ORANGE ET GINGEMBRE
confits au chocolat

Pour 36 bâtonnets
Préparation : 30 min
Cuisson : 1 h 30
Repos : 1 nuit

300 g de racines de gingembre
2 oranges non traitées
500 g de sucre semoule
600 g de chocolat noir corsé (70 % de cacao minimum)

Astuce

Ce grand classique peut également se réaliser avec du citron ou du pamplemousse confit.

1. Faites chauffer un litre d'eau et le sucre semoule à tout petit feu dans une casserole. Lorsque le sucre est fondu, le sirop est prêt. Répartissez-le dans deux casseroles.

2. Pelez le gingembre et taillez-le en fines lanières. Versez-les dans l'une des casseroles. Lavez les oranges et détaillez la peau en bâtonnets. Plongez-les dans la seconde casserole et laissez les deux casseroles cuire 1 heure 30 à tout petit feu. Laissez reposer une nuit. Le lendemain, égouttez les fruits.

3. Faites fondre le chocolat au bain-marie. Laissez tiédir, puis plongez entièrement les lanières de gingembre et les bâtonnets d'orange dans le chocolat. Égouttez-les sur une grille. Laissez sécher.

MARRONS GLACÉS

Pour 6 personnes
Préparation sur 4 jours
Cuisson : 25 min

1,5 kg de sucre semoule
1 kg de gros marrons crus
200 g de chocolat noir à pâtisser
Huile de tournesol

Astuce

Ajoutez une gousse de vanille au sirop pour le parfumer.

1. Incisez la peau des marrons et décortiquez-les. Versez-les dans une casserole d'eau froide 5 minutes puis ébouillantez-les 2 à 3 minutes pour que la peau se détache. Pelez-les, versez-les dans une casserole d'eau froide et portez-les à petite ébullition 15 minutes. Plongez-les de suite dans de l'eau bien froide pour arrêter la cuisson.

2. Préparez le sirop : faites chauffer 1,5 litre d'eau et le sucre à feu moyen dans une cocotte. Laissez bouillir 3 minutes à gros bouillons, versez les marrons dans le panier de la cocotte et plongez-les dans le sirop. Laissez frémir 1 minute, coupez le feu et laissez les marrons mariner dans le sirop une journée. Le lendemain, égouttez les marrons et faites bouillir le sirop 3 minutes. Plongez-les dans le panier et laissez frémir 3 minutes. Renouvelez l'opération les 2 jours suivants. Égouttez les marrons sur du papier sulfurisé.

3. Réalisez la dentelle de chocolat : concassez le chocolat et faites-le fondre au bain-marie. Huilez une demi-sphère en métal ou en plastique. Trempez le dos d'une cuillère dans le chocolat et faites-le couler dans le moule en plusieurs étapes successives pour déposer une fine couche de chocolat et former la dentelle. Réservez 1 heure au frais avant de démouler.

4. Présentez les marrons dans la dentelle de chocolat.

MINI-FINANCIERS
à la pistache

Pour 6 personnes • Préparation : 15 min • Cuisson : 12 min

3 blancs d'œufs • 150 g de sucre • 120 g de beurre • 60 g de poudre d'amande • 60 g de poudre de pistache • 40 g de farine

1. Préchauffez le four à 180 °C (th. 6).

2. Battez les blancs d'œufs avec le sucre et ajoutez le beurre fondu. Incorporez la farine, puis les poudres d'amande et de pistache.

3. Beurrez les moules ou passez-les sous l'eau s'ils sont en silicone.

4. Versez la pâte et enfournez pour 10 à 12 minutes. Laissez refroidir avant de démouler.

Astuce

Remplacez la poudre de pistache par de la poudre de noisette ou réalisez ces financiers avec de la poudre d'amande uniquement.

CUPCAKES
coco-passion

Pour 12 cupcakes • Préparation : 25 min • Cuisson : 20 min

3 œufs • 200 g de farine • 150 g de sucre semoule • 20 cl de crème fraîche • 10 cl de jus de fruit de la passion • 4 c. à soupe de noix de coco râpée • 1 sachet de levure chimique • 1 sachet de sucre vanillé

1. Préchauffez le four à 180 °C (th. 6).

2. Battez les œufs et le sucre semoule dans un saladier afin d'obtenir un mélange homogène. Ajoutez la crème fraîche, 2 cuillerées à soupe de noix de coco râpée, le sucre vanillé, la farine et la levure. Mélangez et répartissez la pâte dans des moules à cupcake.

3. Enfournez pour 20 minutes en surveillant la cuisson : les gâteaux doivent dorer mais ne pas trop colorer. Sortez-les du four et laissez-les refroidir.

4. Arrosez les cupcakes de jus de fruit de la passion et saupoudrez-les du reste de noix de coco râpée.

Astuce

Décorez les cupcakes avec une pointe de chantilly.

MACARONS
chocolat-framboise

Pour 24 macarons
Préparation : 45 min
Cuisson : 16 min
Repos : 1 nuit + 1 heure

300 g de framboises
125 g de chocolat noir à pâtisser
100 g de sucre glace
100 g de poudre d'amande
100 g de sucre semoule
3 blancs d'œufs (80 g)
20 g de cacao en poudre
10 cl de crème liquide
1 pincée de sel

Astuce

Vous pouvez remplacer les framboises par des dés d'orange confite.

1. La veille, préparez la ganache : portez la crème à ébullition et versez-la sur le chocolat. Mélangez pour faire fondre le chocolat. Laissez refroidir, puis réservez 1 nuit au réfrigérateur.

2. Mixez le sucre glace et la poudre d'amande et passez le mélange au tamis. Portez 4 cl d'eau et le sucre semoule à ébullition dans une casserole. La température du sirop ne doit pas dépasser 110 °C. Montez la moitié des blancs en neige avec 1 pincée de sel et incorporez le sirop en filet jusqu'à refroidissement. Incorporez les blancs d'œufs restants au mélange sucre glace-poudre d'amande. Ajoutez le cacao en poudre, puis incorporez les blancs d'œufs sucrés au sirop en soulevant la préparation.

3. Recouvrez une plaque de cuisson de papier sulfurisé. Dressez 48 petits tas avec une poche à douille. Laissez sécher 1 h à température ambiante.

4. Préchauffez le four à 145 °C (th. 4-5) et enfournez pour 13 minutes. Sortez les coques du four, mouillez le plan de travail et déposez la feuille de papier sulfurisé dessus. Laissez refroidir.

5. Garnissez la moitié des coques de ganache et déposez une demi-framboise au centre de chaque coque. Assemblez-les deux par deux.

FORÊT NOIRE
aux griottes

Pour 6 personnes
Préparation : 20 min
Cuisson : 30 min

Pour la génoise au chocolat :
5 œufs + 1 blanc
120 g de beurre
+ 20 g pour le moule
100 g de farine
+ 10 g pour le moule
80 g de sucre
50 g de cacao amer
½ sachet de levure chimique
1 pincée de sel

Pour la garniture :
150 g de cerises au sirop
50 g de sucre
20 cl de crème liquide entière
½ verre de kirsch
2 cuillerées à soupe
de confiture de cerise
Copeaux de chocolat
Sucre glace

1. Préparez la génoise au chocolat : Préchauffez le four à 180 °C (th. 6). Battez les œufs avec le sucre jusqu'à ce que le mélange mousse et blanchisse. Ajoutez la farine tamisée, le cacao, la levure et le sel. Mélangez, puis incorporez le beurre fondu et 1 blanc d'œuf monté en neige. Versez la préparation dans un moule à manqué beurré et fariné et enfournez pour 25 à 30 minutes. Laissez refroidir.

2. Égouttez les cerises en récupérant le sirop. Ajoutez-le au kirsch. Battez la crème liquide en chantilly avec le sucre.

3. Coupez la génoise en deux dans le sens de l'épaisseur. Déposez le fond de la génoise sur une assiette et imbibez-le de sirop. Étalez la confiture et ajoutez une bonne couche de cerises et de chantilly. Posez dessus l'autre moitié de la génoise. Décorez de cerises et de chantilly. Parsemez de copeaux de chocolat et saupoudrez de sucre glace. Conservez au frais jusqu'au moment de servir.

VERRINES PRÉCIEUSES
poire-chocolat

Pour 12 verrines
Préparation : 30 min
Cuisson : 10 min
Réfrigération : 5 heures

500 g de poires au sirop
400 g de crème liquide entière
300 g de fromage blanc
300 g de chocolat noir à pâtisser
80 g de sucre semoule
5 cl d'alcool de poire
2 feuilles de gélatine
Copeaux de chocolat et feuilles d'or comestible pour le décor

Astuce

Incorporez de la cannelle à la mousse de poire.

1. Préparez une ganache pour garnir le fond des verrines : faites tiédir la crème liquide et ajoutez le chocolat concassé et l'alcool de poire. Faites fondre le chocolat sans laisser la crème bouillir. Répartissez la ganache dans les verrines et réservez-les 1 heure au frais.

2. Égouttez les poires et mixez-les avec le sucre. Faites tiédir la purée de poire.

3. Faites tremper les feuilles de gélatine dans un grand bol d'eau froide pendant 5 minutes. Essorez-les et faites-les fondre dans la purée de fruits. Ajoutez le fromage blanc et mélangez. Coulez la mousse de poire dans les verrines et réservez-les 3 à 4 heures au frais.

4. Parsemez de copeaux de chocolat et décorez avec une feuille d'or alimentaire au moment de servir.

MADELEINES
aux épices

Pour 6 personnes
Préparation : 15 min
Repos : 1 h
Cuisson : 10 min

3 œufs
200 g de farine
150 g de beurre
100 g de sucre semoule
1 cuillerée à café de mélange quatre-épices
½ sachet de levure

Astuce

Vous pouvez préparer votre pâte la veille. Elle se conserve très bien au réfrigérateur pendant 12 heures. Vous pouvez aromatiser les madeleines avec des écorces d'orange ou les graines de 2 gousses de vanille.

1. Cassez les œufs dans un saladier et fouettez-les avec le sucre jusqu'à ce que le mélange blanchisse. Faites fondre le beurre au four à micro-ondes et ajoutez-le au mélange. Incorporez la farine, la levure et le mélange quatre-épices. Laissez reposer 1 heure au frais.

2. Préchauffez le four à 220 °C (th. 7-8). Répartissez la pâte dans des moules à madeleine en silicone et enfournez pour 5 minutes. Ramenez la température du four à 180 °C (th. 6) et poursuivez la cuisson 5 minutes.

3. Démoulez les madeleines et laissez-les refroidir sur une grille.

MINI-CAKES
surprise

Pour 8 mini-cakes
Préparation : 15 min
Cuisson : 20 min

4 œufs
200 g de sucre semoule
200 g de farine
180 g de beurre
80 g d'écorces d'orange confites
50 g de pignons torréfiés
1 cuillerée à soupe d'anis en poudre
1 sachet de levure chimique
Sucre glace

Astuce

Glacez les mini-cakes avec du sirop d'érable.

1. Battez les œufs avec le sucre dans un saladier jusqu'à ce que le mélange blanchisse. Ajoutez le beurre en pommade, la farine et la levure. Mélangez et ajoutez l'anis en poudre. Détaillez les écorces d'orange en petits dés.

2. Préchauffez le four à 180 °C (th. 6). Beurrez et farinez des petits moules à cake et coulez l'appareil en ajoutant les dés d'orange et les pignons. Enfournez pour 20 minutes.

3. Laissez les cakes refroidir avant de les démouler. Saupoudrez de sucre glace et décorez avec des écorces d'orange avant de déguster.

PETITS SABLÉS *animaux*

Pour 18 sablés
Préparation : 20 min
Repos : 1 heure
Cuisson : 15 min

200 g de farine
130 g de sucre brun
125 g de beurre mou
1 jaune d'œuf
1 cuillerée à soupe
de mélange quatre-épices
Sel

Astuce

Vous pouvez remplacer le mélange quatre-épices par de la cardamome en poudre.

1. Mélangez la farine, le sucre brun, le mélange quatre-épices et 1 pincée de sel dans un saladier. Ajoutez le beurre mou coupé en petits morceaux et travaillez la pâte du bout des doigts. Formez une boule, enroulez-la dans du film alimentaire et réservez-la 1 heure au réfrigérateur.

2. Préchauffez le four à 200 °C (th. 6-7). Abaissez la pâte en une couche de 5 mm d'épaisseur et découpez des sablés à l'aide d'emporte-pièces de différentes formes d'animaux. Déposez-les sur une plaque recouverte de papier sulfurisé. Enfournez-les pour 15 minutes en surveillant la fin de la cuisson.

CHARLOTTE AU CARAMEL
et aux cerises confites

Pour 6 personnes
Préparation : 30 min
Cuisson : 4 min
Réfrigération : 3 heures

20 à 30 biscuits à la cuillère
130 g de sucre semoule
100 g de fromage blanc
12 cerises confites
30 cl de crème liquide entière
4 cuillerées à soupe de caramel liquide
2 feuilles de gélatine

Astuce

Tapissez le moule de papier sulfurisé pour faciliter le démoulage.

1. Battez 20 cl de crème très froide en chantilly et incorporez 80 g sucre en fouettant. Réservez au frais.

2. Faites tiédir 10 cl de crème liquide et ajoutez le caramel et 50 g de sucre. Faites tremper la gélatine dans un verre d'eau froide pendant 2 minutes, essorez-la et ajoutez-la au mélange. Laissez refroidir pendant 20 minutes environ, puis incorporez le fromage blanc et la chantilly (réservez une petite quantité pour la décoration). Mélangez délicatement.

3. Tapissez un moule à charlotte de biscuits à la cuillère et versez la moitié de la préparation. Intercalez une couche de biscuits et de cerises confites et versez le reste du mélange. Terminez par une couche de biscuits. Réservez au frais 3 heures au moins (voire 1 nuit) et démoulez.

4. Décorez la charlotte avec de la chantilly et des cerises confites avant de déguster.

PROFITEROLES

Pour 18 choux
Préparation : 25 min
Cuisson : 20 min

La pâte à choux :
3 œufs
125 g de farine
80 g de beurre
1 cuillerée à café de sucre semoule
1 pincée de sel

La garniture :
200 g de chocolat noir
50 cl de glace à la vanille
30 cl de crème liquide

Astuce

Versez 1 cuillerée à soupe de Grand Marnier® dans la sauce chocolat pour plus de saveur.

1. Préchauffez le four à 200 °C (th. 6-7).

2. Préparez la pâte à choux : Faites chauffer le beurre, 25 cl d'eau, le sel et le sucre dans une casserole. Dès que le beurre est fondu, versez la farine d'un seul coup et mélangez avec une cuillère en bois jusqu'à ce que la pâte forme une boule et se détache des parois. Incorporez les œufs un à un hors du feu, en mélangeant après chaque ajout jusqu'à ce que la boule se reforme.

3. Formez des choux sur une plaque de cuisson recouverte de papier sulfurisé à l'aide d'une poche à douille. Enfournez pour 20 minutes en surveillant la fin de la cuisson. N'ouvrez pas le four en cours de cuisson pour éviter que les choux retombent. Laissez-les refroidir.

4. Faites chauffer la crème à feu doux, ajoutez le chocolat coupé en morceaux et laissez-le fondre.

5. Ouvrez les choux refroidis en deux. Garnissez-les avec 1 cuillerée à soupe de glace à la vanille et refermez-les. Répartissez-les sur les assiettes ou dans des coupes. Arrosez de sauce chocolat avant de déguster.

MAXI-GÂTEAU
choco-framboises

Pour 6 à 8 personnes
Préparation : 15 min
Cuisson : 45 min

400 g de chocolat
noir à pâtisser
300 g de beurre
+ un peu pour le moule
200 g de farine
+ un peu pour le moule
120 g de sucre semoule
100 g de framboises
+ 8 à 10 pour la déco
6 œufs
1 sachet de levure
chimique

Pour le glaçage :
150 g de sucre glace
3 cuillerées à soupe
d'eau froide
2 cuillerées à soupe
de cacao amer en poudre
1 filet de jus de citron

1. Préchauffez le four à 180 °C (th. 6).

2. Faites fondre le chocolat concassé avec le beurre en morceaux dans une casserole au bain-marie. Mélangez jusqu'à obtenir une préparation lisse.

3. Dans un grand saladier, battez les œufs. Ajoutez le mélange beurre-chocolat, le sucre semoule puis la farine et la levure tamisées. Fouettez le tout.

4. Beurrez et farinez un moule à manqué à bord très haut. Versez un peu de préparation dans le moule puis ajoutez quelques framboises. Ajoutez alternativement dans le moule la préparation et les framboises en les répartissant bien.Enfournez 30 minutes. Lorsque le haut du gâteau est cuit, recouvrez-le d'une feuille de papier sulfurisé et prolongez la cuisson de 15 minutes. Laissez refroidir le gâteau avant de le démouler.

5. Réalisez le glaçage : Dans un bol, mélangez le sucre glace et le cacao. Ajoutez l'eau et le jus de citron. Fouettez pour obtenir un glaçage brillant et bien épais.

6. Une fois le gâteau refroidi, étalez le glaçage et décorez de quelques framboises.

GÂTEAU
aux fruits confits

Pour 4 personnes
Préparation : 15 min
Cuisson : 25 min

200 g de chocolat noir à pâtisser
150 g de beurre + un peu pour le moule
100 g de fruits confits
30 g d'amandes effilées
4 œufs
5 cuillerées à soupe de sucre semoule
3 cuillerées à soupe de farine
Sucre glace

1. Préchauffez le four à 180 °C (th. 6).

2. Faites fondre le chocolat concassé avec le beurre coupé en morceaux au micro-ondes à pleine puissance pendant 1 minute ou dans une casserole au bain-marie. Lissez au fouet le chocolat fondu puis ajoutez les œufs, le sucre semoule et la farine en battant régulièrement. Incorporez les fruits confits (réservez les plus beaux pour la déco) et les amandes.

3. Versez la préparation dans un moule à fond amovible beurré. Enfournez 25 minutes.

4. À la sortie du four, démoulez le gâteau. Saupoudrez-le de sucre glace et décorez avec les fruits confits réservés.

MENDIANTS
aux fruits confits

Pour 12 mendiants
Préparation : 10 min
Cuisson : 5 min
Réfrigération : 1 heure

200 g de chocolat noir
à pâtisser
50 g de fruits confits
50 g de pistaches concassées
1 cuillerée à soupe
de pralin en poudre
1 cuillerée à soupe de graines
de sésame grillé

1. Faites fondre le chocolat concassé dans une casserole au bain-marie.

2. À l'aide d'une grande cuillère, déposez 12 petits tas de chocolat sur une plaque à pâtisserie recouverte de papier sulfurisé. Étalez-les avec le dos de la cuillère pour former des disques.

3. Répartissez les pistaches et les fruits confits sur les mendiants puis saupoudrez-les de sésame et de pralin. Réservez-les 1 heure au réfrigérateur.

4. Conservez les mendiants au réfrigérateur ou à température ambiante selon que vous aimez déguster le chocolat frais ou non.

TRUFFES
aux trois chocolats

Pour 4 personnes
Préparation : 15 min
Cuisson : 5 min
Réfrigération : 2 heures

200 g de chocolat
noir à pâtisser
100 g de chocolat
au lait à pâtisser
50 g de chocolat
blanc à pâtisser
35 cl de crème fraîche
liquide entière
Cacao amer en poudre
Sucre glace

Astuce

Vous pouvez réaliser les truffes avec une seule sorte de chocolat. L'essentiel est de toujours respecter la règle : chocolat et crème en quantités égales.

1. Dans une casserole, faites tiédir la crème sans porter à ébullition.

2. Hors du feu, ajoutez les trois chocolats concassés et mélangez jusqu'à l'obtention d'une préparation lisse. Réservez 2 heures au réfrigérateur.

3. À l'aide de deux petites cuillères, formez des boules de chocolat. Roulez-en la moitié dans le cacao amer et l'autre moitié dans le sucre glace. Conservez les truffes au frais.

PÂTES DE FRUITS
à l'orange

Pour 6 à 8 personnes
Préparation : 30 min
Cuisson : 1 h 50
Réfrigération : 24 heures

1 kg d'oranges
Sucre semoule

Astuce

Réalisez des pâtes de fruits avec les fruits de votre choix.

1. La veille, pelez les oranges à vif et prélevez les suprêmes. Déposez-les dans un faitout. Ajoutez 1 verre d'eau et faites cuire 15 à 20 minutes à feu doux. Réduisez la préparation de fruits en purée à l'aide d'un robot plongeant.

2. Pesez la purée de fruits. Reversez-la dans le faitout et ajoutez le même poids de sucre. Poursuivez la cuisson 1 heure 30 à feu doux en remuant régulièrement : mélangez la préparation sans cesse durant les dix dernières minutes pour éviter que la pulpe de fruit attache.

3. Versez la préparation uniformément sur une plaque à pâtisserie recouverte de papier sulfurisé. Laissez refroidir puis réservez 24 heures au réfrigérateur.

4. Le jour même, découpez des carrés ou des rectangles de pâte de fruits et roulez-les dans le sucre.

MAXI-RELIGIEUSE
au chocolat

Pour 1 maxi-religieuse
Préparation : 1 heure
Cuisson : 35 min

200 g de pâte sablée
125 g de farine
4 œufs
80 g de beurre
30 g de sucre semoule
25 cl de crème
au beurre
1 pincée de sel
Perles argentées au sucre
et 1 macaron au chocolat
pour la déco

Pour la crème pâtissière :
1 litre de lait
150 g de sucre semoule
125 g de farine tamisée
80 g de cacao en poudre
2 œufs entiers + 2 jaunes

Pour le glaçage :
100 g de cacao amer
en poudre
80 g de sucre glace

1. Préchauffez le four à 180 °C (th. 6). Étalez la pâte sablée dans un cercle à pâtisser. Piquez le fond puis enfournez 20 à 25 minutes. Laissez refroidir.Augmentez le four à 200 °C (th.6-7).

2. Préparez la pâte à choux : voir page 174.

3. Sur une plaque à pâtisserie recouverte de papier sulfurisé, formez 3 choux à l'aide d'une poche à douille : 1 gros chou de la taille du disque de pâte, un moyen et un petit. Enfournez 20 à 25 minutes. Laissez refroidir sur une grille à pâtisserie.

4. Préparez la crème pâtissière : portez le lait à ébullition. Dans un saladier, fouettez les œufs entiers avec les jaunes et le sucre jusqu'à ce que le mélange blanchisse. Incorporez petit à petit la farine puis le cacao en poudre. Versez le lait bouillant par-dessus et mélangez. Transvasez la préparation dans la casserole et faites chauffer jusqu'à épaississement sans cesser de remuer. Filmez à même la crème et laissez refroidir.

5. Pour le glaçage, fouettez énergiquement le sucre glace avec le cacao et 6 cl d'eau dans un bol.

6. Avec une poche à douille, fourrez tous les choux de crème pâtissière en perçant le dessous. Étalez le glaçage à la spatule.Sur le fond de pâte sablée, disposez les choux les uns sur les autres, et collez le macaron au sommet avec un peu de glaçage. À l'aide d'une poche munie de la douille cannelée, décorez le tour et le sommet des choux de crème au beurre. Disposez quelques perles argentées.

INDEX DES RECETTES